ララチッタ

バンコク

Bangkok

ララチッタとはイタリア語の「街＝La Citta」と
軽快に旅を楽しむイメージをかさねた言葉です。
ピリ辛グルメやかわいい雑貨、
マーケット散策にきれいになるスポットなど…
バンコクの旅が楽しくなるテーマが詰まっています。

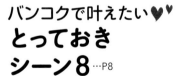

ララチッタ　バンコク
CONTENTS

バンコクで叶えたい♥♥
とっておき
シーン8…P8

Beauty
きれい

Gourmet
おいしいもの

Shopping
おかいもの

マークの見かた

Ｊ 日本語スタッフがいる	交通
Ｊ 日本語メニューがある	Ｈ ホテル
Ｅ 英語スタッフがいる	住所
Ｅ 英語メニューがある	☎ 電話番号
Ｒ レストランがある	開館時間、営業時間
Ｐ プールがある	休み
Ｆ フィットネス施設がある	料金
	URL Webサイトアドレス

ラチャダ バンコク
別冊MAP

その他の注意事項

●この本に掲載した記事やデータは、2020年1～2月にかけての取材、調査に基づいたものです。発行後に、料金、営業時間、定休日、メニュー等の営業内容が変更になることや、臨時休業等で利用できない場合があります。また、各種データを含めた掲載内容の正確性には万全を期しておりますが、おでかけの際には電話等で事前に確認・予約されることをお勧めいたします。なお、本書に掲載された内容による損害等は、弊社では補償いたしかねますので、予めご了承くださいますようお願いいたします。●地名・物件名は政府観光局などの情報を参考に、なるべく現地語に近い発音で表示しています。●休みは基本的に定休日のみを表示し、年末年始や旧正月、国の記念日など祝祭日については省略しています。●料金は基本的に大人料金を掲載しています。

スマホで見られる！

タイ語 電子(抜粋)版

●当コンテンツはJTBパブリッシング発行「ひとり歩きの会話集」の抜粋版です。完全版は書店等でお買い求めください。
●海外では通信料が高額になる場合があるため、コンテンツは国内であらかじめダウンロードされることをおすすめします。
●初回利用時には「るるぶ＆more.」の会員登録をお願いします。会員登録後「購入手続きへ」に進むと、クーポンコードを入力できます。
●Android、iOSのほか、PCでも閲覧できます。
●ダウンロード後は、オフラインでコンテンツを閲覧できます。
●電子版のご利用にあたっては、以下の利用規約を適用します。
https://books.jtbpublishing.co.jp/content/terms/
●電子版の詳しい使い方は、以下の「ご利用ガイド」をご覧ください。
https://books.jtbpublishing.co.jp/content/help/
●利用方法などのお問合せは以下からお願いします。
https://books.jtbpublishing.co.jp/inquiry/
※お電話でのお問合せは受け付けておりません。
●本サービスは予告なく内容を変更することや終了する場合があります。

クーポンコード
cygaayha46

バンコク早分かり

タイ王国の首都として発展著しいバンコク。
新旧の魅力が混在する街の主要エリアをチェックして、
自分好みの旅を計画しよう。

ココ！

基本情報

国名：タイ王国　首都：バンコク
人口：約875万人(2017年)　面積：約1568km²
時差：マイナス2時間(日本の正午はタイの10時)
通貨：タイバーツ(B)。B1≒約3.5円(2020年2月現在)

バンコク観光のハイライト

❶ 王宮周辺 →P80
Grand Palace　別冊MAP P20-21

広大な王宮をはじめ、ワット・プラケオ、ワット・ポー、ワット・アルンの3大仏教寺院が集まる観光の中心エリア。チャオプラヤー川を望む雰囲気のいいレストランも多い。

ワット・ポーでは黄金の巨大寝釈迦仏が見られる

バックパッカーの聖地

❷ カオサン →P96
Khaosan　別冊MAP P21C1～D1

安価なゲストハウスが集まるエリアで、世界各国の旅人で賑わう。リーズナブルなレストランや足つぼマッサージ店が多く、近年はおしゃれなバーや雑貨ショップも増加中。

1：ドナルドもワーイ(合掌)のポーズでお出迎え 2：終日賑わうカオサン通り。世界の旅人が集うカジュアルな雰囲気

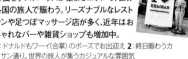

安旨グルメと雑貨がいっぱい

❸ チャイナタウン
Chinatown　別冊MAP P10B1～11C2

海鮮や点心など安くておいしい中国料理店のほか、雑貨や漢方の店などがぎっしりと集まる東南アジア最大規模の中華街。漢字の看板が並ぶヤワラート通りが中心。

1：メインストリートのヤワラート通り

若者が集う流行発信地

④ サイアム →P88
Siam 別冊MAP P14-15

大型ショッピングセンターが林立するバンコク随一のショッピング街。BTSサイアム駅の南側には「サイアム・スクエア」とよばれる繁華街が広がり、再開発も進行中。

1：若者文化の発信地サイアム・スクエア **2**：モダンなSCも多く集まる

ハイセンスな高級住宅街

⑥ スクンビット →P90
Sukhumvit 別冊MAP P18-19

日本人や外国人が多く住むエリア。目抜き通りのスクンビット通りにはホテルやショッピングモールが並ぶほか、多くのソイ(路地)には一軒家レストランやスパ、ショップが点在。

スクンビット通りの中心に立つターミナル21。手軽なフードコートが大人気

ソイ55沿いのおしゃれエリア

⑦ トンロー →P92
Thong Lo 別冊MAP P20

スクンビット通りのソイ55(トンロー通り)を中心とした一帯。モダンなレストランやバーが点在し、タイの芸能人やセレブにも人気。日本料理店もあちこちにある。

1：最旬グルメが集うザ・モール **2**：在住者が通うお洒落なダイニングが多い

昼夜で2つの顔をもつ

⑤ シーロム →P94
Silom 別冊MAP P16-17

オフィスビルが立ち並ぶビジネス街で、昼間はOL御用達のカフェやマーケットなどが賑わう。高級ホテルやレストランが多いほか、パッポン通り一帯は夜の大歓楽街として有名。

1：バンコクーの高層ビル「マハナコン」がそびえる **2**：夜の歓楽街パッポンものぞいてみたい

バンコクを楽しみ尽くす！

3泊5日王道モデルプラン

観光、グルメ、スパにショッピングなど、楽しみがいっぱいのバンコク。
王道プランをベースに、自分の好みに合った旅のメニューをアレンジして！

ADVICE!
スワンナプーム国際空港とドンムアン国際空港(主にLCC)が空の玄関口

30分程度のお手軽コースもある

DAY1

初日はのんびり♪
タイ料理&マッサージ

世界3大スープの実力を体感！

15:40
バンコク到着
↓
17:30
市内ホテルにチェックイン
↓
19:00
本場のトムヤムクンに舌鼓
おすすめ▶トンクルアン(→P31)
↓
21:30
ホテル近所の
足つぼマッサージでリラックス

DAY2

バンコク観光の定番
3大寺院+チャオプラヤー

王宮とワット・ポーが見える！

09:00
ワット・ポー(→P80)で寝釈迦仏とご対面
↓ 徒歩15分
10:00
ワット・プラケオと王宮(→P82)を見学
↓
12:00
タイ料理のランチ
おすすめ▶デック(→P58)
↓ 渡し船で15分
14:00
ワット・アルン(→P84)の
大仏塔に上る
↓ チャオプラヤー・エクスプレスで20分
15:30
高級ホテルでアフタヌーンティー
おすすめ▶オーサーズ・ラウンジ(→P50)
↓
17:30
シーロム界隈でお買物
おすすめ▶ジム・トンプソン本店(→P70)
↓ BTSで20分
20:00
タイスキディナー
おすすめ▶エムケー・ゴールド(→P38)

ヤックとモックがお出迎え

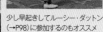

少し早起きしてルーシー・ダットン
(→P98)に参加するのもオススメ

日本出発前に予約しておこう

あっさり寄せ鍋をタイ風のタレで！

タイシルクといえばココ！

DAY3
早起きして午後はまったり
アユタヤ&
高級スパ

エレファント・ライドも楽しめます！

アレンジプラン
古き良きバンコクの風情を感じるなら水上マーケット（→P106）も訪ねて！

運河クルーズが楽しめる

（09:00）
世界遺産
アユタヤ観光

↓

ADVICE!
移動は車をチャーターするか、現地ツアー（→P105）を利用

（15:00）

ホテルスパで
癒しタイム
おすすめ
▶オリエンタル・スパ（→P14）

ホテルスパは基本的に宿泊客優先なので、自身の宿泊先ホテルで申し込むのがおすすめ

↓ 専用ボートで15分

アレンジプラン
夕食後にもう一杯行きたい派は、絶景が広がるルーフトップ・バー（→P54）へ。

（18:00）
アジアティーク
（→P60）で
おみやげ探し&
ディナー

1：BTSサパーンタクシン駅近くの乗り場から専用ボートでアクセス 2：かわいいタイ雑貨が見つかる
1 **2**

DAY4
夜便なら時間もたっぷり
インスタ寺院&
食べ尽くし

不思議な世界観にビックリ！

（09:00）
BTSに乗って
話題のインスタ寺院へ
おすすめ▶ワット・パクナム（→P8）

↓

（11:00）
ホテルに戻ってチェックアウト

↓

名物の
プーパッポン
カリーを食す！

（12:00）
シーフードのランチ
おすすめ▶ソンブーン（→P34）

↓ 徒歩で移動

ADVICE!
荷物は夜まで預けておこう

マンゴー・タンゴ
（→P27）でマンゴー尽くし

（13:00）
サイアム・スクエアで
買物&スイーツ

↓

（15:00）
一軒家スパで
マッサージ&シャワー

↓

（18:00）
タイカレーのディナー
おすすめ▶ルアン・ウライ（→P32）

↓

まろやかな
マッサマン・
カレーがうまい！

（20:30）
ホテルで荷物をピックアップ。
タクシーで空港へ約1時間。日本到着は翌朝。

スパは前日までに予約を

SPECIAL SCENE8

バンコクで叶えたい♥

とっておきシーン8

バンコクで絶対に体験したい8つのシーン！
不思議空間が広がる寺院や摩天楼バー、ゾウ乗り体験や癒しのスパなど、
バラエティに富んだバンコク旅の魅力を一挙紹介！

SCENE 1

話題のSNSスポット！
緑の光に包まれる異空間寺院

ワット・パクナム

派手な装飾で知られるタイの仏教寺院のなかでも、ひときわ異彩を放つワット・パクナム。中心部から離れたローカルな寺院ながら、SNSで話題となり、今では人気スポットに。仏教の宇宙観を体現したというサイケデリックな空間で静かに瞑想してみたい。

別冊MAP P4A4 ⊗MRTバンパイ駅から徒歩15分
⑲ 300 Ratchamongkhon Prasat Ally. ☎ 0-2467-0811 ⑲8～18時 ⑭なし ⑭無料

堂内には座禅・瞑想の新理論を唱えた前僧正ルアンポーソッド師の像が安置されている

> 極彩色の宇宙に
> 吸い込まれそう！

寺院内に立つ
5階建ての大仏塔。
話題の天井画とガラス塔は
この塔の最上階にある

天井ドームを囲む仏画も
色鮮やか。
鳳凰や植物文様も
繊細で見ごたえがある

緑のガラス塔の基壇部分には
同じくガラス製の
ナーガ像がずらり

堂内は神聖な祈りの場。
写真撮影は参拝者の
邪魔にならないよう
心掛けたい

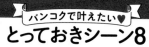

SCENE **2**
P54参照

きらめく夜の街を
遥か上空から
ルーフトップ・バー

大都市バンコクの中心に
いながら、別世界の気分
を味わえるのが高層ビル
のルーフトップ・バー。街
の喧騒から遠く離れて、
美しい夜景と冷たい南国
カクテルに酔いしれたい。

バー利用のほか、レストラン
併設の店が多いのでディナー
もオススメ

熱帯らしい
カラフルなカクテルが
大人気

ヴァーティゴ＆
ムーン・バー（→P55）は、
まるで宇宙船に乗っている気分

SCENE **3**
P26参照

トロピカルな見た目に
気分もUP!
南国スイーツ

常夏の国タイはフルーツ
の種類が豊富でリーズナ
ブル。濃厚な甘みのマン
ゴーをはじめ、色とりどり
の果実をぜいたくに使っ
たスイーツは、美味しさは
もちろん、見た目の可愛
さでも話題を集めている。

新鮮なフルーツを
美しく盛った
バーデン（→P26）の
スイーツ

マンゴーともち米の
伝統スイーツ、
カオニャオ・マムアンは
必食です!

近年はレモンなど酸性のものと
混ぜると青から紫に
変色するバタフライピーが話題

タイのゾウは
おとなしくとても賢い。
記念撮影もOK

王様気分が味わえて
異国情緒満点

SCENE **4** P109参照

タイの人気者と
親しむ！
エレファント
ライド

古くから生活のパートナーであり、仏教の聖獣として敬われるゾウは、タイで最も親しまれている動物。ゾウの背に乗ってゆったりと散策すれば、いつもとは違った風景が心に残るはずだ。

アユタヤではゾウの
背に揺られながら世界遺産の
遺跡を見学できます！

自然の素材を
ふんだんに用いた
トリートメントに
五感がゆるむ

SCENE **5** P14〜21 参照

新旧の癒しメニューを
フルコースで
極楽スパ

バンコクのスパは、昔から家庭に伝わるハーブボールや伝統医学として発展した古式マッサージなど、自然のエネルギーを活用したトリートメントが特徴。その癒しのレシピは心身を内側から元気に、そして美しくしてくれる。

リンパや血液の流れに
基づいた伝統の
古式マッサージを
ぜひ体験して！

フルーツやスパイスを使った
スクラブやパックは
いつも作り立てが基本

カラフルなテントが並ぶ
タラート・ロットファイ・
ラチャダー（→P78）

SCENE 6

P60、78参照

涼しい夜こそ熱気MAX
ナイトマーケット

アジアティーク（→P60）は
エンターテイメントも
いっぱい

暑いバンコクでは、涼しくなる夕方から夜市が立つのが
古くからの伝統。近年はかつての倉庫街などを利用した
お洒落なナイトマーケットが話題だ。地元っ子の熱気に
包まれながら、買物やローカルグルメを楽しみたい。

ホーロー食器
などが安い！

グリーン

SCENE 8

P32参照

フレッシュさがポイント
タイカレー

タイのカレーは生のスパイスを磨り潰して、あ
まり長時間煮込まずに作るのが特徴。フレッシュ
な食材ならではの鮮烈な味と香りが醍醐味
だ。使用するスパイスにより色も味もさまざま
なので、好みのタイプを探してみたい。

ドアはないので
走行時は手すりに
しっかりつかまって

tuk-tuk

SCENE 7

別冊P25参照

天使の都を疾走！
トゥクトゥク

愛嬌のあるルックスでバンコクのアイコン的存在のトゥク
トゥクは、一度は体験したい乗り物。タクシー同様に
使えるが料金は事前交渉がマスト。熱帯の風に吹かれ
ながら街を駆ければ、旅の気分も最高潮！

近年話題の
マッサマンカレー（→P32）は
ピーナッツ風味の
甘口タイプ

レッド

イエロー

Lala Citta Bangkok

Story1

きれい
Beauty

贅沢な一軒家スパをはじめ、タイ古式マッサージや
高級感あふれるホテルスパも充実！
自然素材のホームスパ用品で帰国後もキレイに♥

究極のリラクゼーションを約束

今すぐ行きたい 最旬ベストスパ

世界でも屈指のスパ天国として知られるバンコク。伝統とモダンが融合した
ハイレベルな技術はもちろん、空間やサービスも極上のベストスパをセレクト。

チャオプラヤー川西岸　別冊MAP P11C3

オリエンタル・スパ
The Oriental Spa

名門ホテルの最高級スパ
チーク材の伝統家屋を復元した建物で
受けるトリートメントは、アジア随一とも
評される。別棟のペントハウスにはインド
の薬学や医学を習得した医師が常駐し、
本格的なアーユルヴェーダも受けられる。

静かな
蓮池が
ステキ

1. タイ古式マッサージ
をベースにした独自の
施術が受けられる
2. スパはホテル前の
川の対岸にあり、ホテ
ルの専用ボートで渡る

MENU
オリエンタル・シグニチャー・トリートメント
（90分、B 4500）
トラディショナル・タイ・マッサージ
（90分、B 3900）

DATA　交H マンダリン オリエンタルの桟橋か
らホテル専用ボートで2分　住H マンダリン オ
リエンタル（→P110）対岸敷地内　☎0-26
59-9000（内線7440）時9〜22時（最終受付
20時30分）休なし 要予約 E E

3. 美しい蓮池を囲む建物に15室を用意
4. 各メニューに伝統のハーバルボールを
追加することも可能。30分 B1750

まめ
ちしき　高級スパは当日でもいいので、予約をするのが基本。電話やインターネットで予約でき、ホテルのコンシェルジュに頼む
のも手。1時間、3時間など希望の施術時間を告げて部屋を取っておいてもらえば、メニューは訪店時に決めればOK。

スクンビット 別冊MAP P19C3

アジア・ハーブ・アソシエイション・ベンジャシリパーク店

Asia Herb Association Spa Benchasiri Park Shop

天然のハーブに癒される

タイ国内に8店舗を展開する人気サロンで、伝統に基づいた確かな技術に定評がある。自社農園で栽培する18種のオーガニックハーブを用いた、生ハーバルボール治療を体験してみたい。

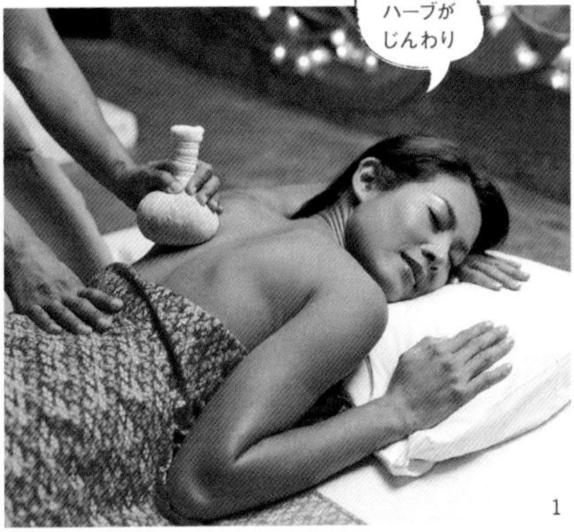
天然のハーブがじんわり

DATA 交BTSプロームポン駅から徒歩1分 住598-600 Sukhumvit Rd. ☎0-2204-2111、08-9999-1234(日本語専用9〜18時) 時9時〜翌2時(最終受付24時) 休なし 要予約 J J E E

1.ハーブ類は自社有機農園で栽培されたものを使用 2.全6フロアありグループ利用にも対応

3.各所に若手アーティストの作品が飾られている
4.オイルなどオリジナルのスパ用品は販売も

MENU
タイ伝統古式ボディマッサージ+オーガニック生ハーバルボール治療(90分〜、B1300〜)
100%ピュアブレンドオイル ボディマッサージ+オーガニック生ハーバルボール治療(90分〜、B1600〜)

サイアム 別冊MAP P15D3

ディーアイアイ・ウェルネス・メッド・スパ

Dii Wellness Med Spa

ドクター常駐のメディカル・スパ

バンコクの一軒家スパの先駆け的存在「ディヴァナ・マッサージ&スパ」(→P18)の最新店。「アンチエイジング」をコンセプトに掲げ、身体の深部に届くマッサージやフェイシャルケアで、美を引き出してくれる。

石のパワーを感じて

1.酸素を当てながらのマッサージが人気 2.コラーゲンや黒翡翠、ローズクオーツなども使用 3.店内にはDNAをイメージしたオブジェが

MENU
アクエリアス・アロマティック・セラピー(120分、B5500)
ユベンタイド・イモータル・アンチエイジ(80分、B5500)

DATA 交BTSプルーンチット駅から徒歩1分 住セントラル・エンバシー(→P89) 4F ☎0-2160-5850 時10〜22時(最終受付20時) 休なし 要予約 E E

優雅な空間で贅沢な癒しを

緑に囲まれた一軒家スパで 心身をリセットしましょう

邸宅を利用した一軒家スパでは、タイ伝統の自然素材を使ったトリートメントと、至れり尽くせりのサービスを満喫できる。満室の場合も多いので、2〜3日前までに予約を。

スクンビット ／ 別冊 MAP P19C1

オアシス・スパ
Oasis Spa

自然に癒やされる都会の隠れ家

チェンマイに本店をもつタイの大御所スパ。緑の木々に囲まれた広い敷地に白亜の建物が立ち、鳥のさえずりが響く館内はまるで別世界。トリートメントには直前にすりおろした新鮮なハーブやみずみずしいフルーツで作った自家製プロダクトを使用。セラピストの技術やサービスも徹底しており、極上の時間を過ごせる。

1

DATA 交BTSプロームポン駅から車で7分 住64 Soi Sawasdee, Sukhumvit 31 ☎0-2262-2122 時10〜22時(最終受付19時) 休なし 要予約
Ⓙ Ⓔ Ⓔ

プロダクトCHECK!

オレンジやクレイ(泥)など肌にやさしい自然素材を使用

MENU

パラダイス・オブ・オアシス
(240分、B 4600)
スチーム、スクラブ、ラップ、アロマ・マッサージ、フェイシャルの人気の半日コース

オアシス・エクスペリエンス
(240分、B 5700)
上記にアロマテラピー・バスをプラス。アロマ・マッサージは2人のセラピストで行われる

オアシス・フォーハンド・マッサージ
(60分、B 2500)
2人のセラピスト、計4本の手で行われる全身マッサージ。絶妙なリズムで疲れを解消

2

3

1. 静かな路地の奥に立つ。BTSプロームポン駅から送迎サービスあり 2. 館内随所から緑や水辺を望める 3. 全12室。すべてツインベッドルーム

🌸 トリートメントの種類

アロマ・マッサージ
天然由来のオイルを使い、マッサージと香りによって心身の疲れを軽減。

ボディ・スクラブ
クリーム状にしたハーブやフルーツなどを全身に塗り、角質を落とす。

ボディ・ラップ
泥や海草を使った全身パック。ビニールラップとタオルに包んで肌に浸透させる。

ハーブ・ボール
数種のハーブを布に包んで蒸し、全身に当てる温熱療法。マッサージと組み合せる。

フラワー・バス
バラやハスの花びらを湯船いっぱいに浮かべたお風呂。贅沢な気分を楽しめる。

プチ情報 紙ショーツは用意されている。ローブは持ってきてもらえる。メイク用品はない場合が多いので持参がベター。また、遅刻するとその分施術時間が短くなる。キャンセル料がかかる場合もあるので、予約時に確認を。

「パラダイス・オブ・オアシス」を体験しました！

❶ 到着

まずはパンダナスとジンジャーのハーブティー、冷たいおしぼりでリラックス

❷ カウンセリング

メニューを決め、オイルやスクラブなどの種類を決定。体調や持病などについて問診票に書き込む

❸ トリートメントルームへ

スタッフが部屋まで案内してくれる。シャワーを浴び、用意された紙ショーツに着替えてセラピストを待つ

❹ タイ・ハーバル・スチーム

最初にレモングラスやウコンなどのスチームサウナに約30分入り、体を温め、皮膚を柔らかくする

❺ ボディ・スクラブ

約30分間、全身の角質落とし。スクラブはハニーセサミ。別のスクラブに変更可(別料金が必要)

❻ タイ・ハーバル・クレイ・ボディ・ラップ

ペースト状のハーブと泥を全身に塗った後、ビニールのラップとタオルに包まれて約30分このままで

❼ アロマテラピー・ホットオイル・マッサージ

肌にやさしいスイートアーモンドのオイルで約1時間、全身をじっくりマッサージ

❽ ロイヤル・タイ・フェイシャル

キュウリやトマトなど自然素材を使ったパックや保湿で約1時間。これでコースは終了

❾ お茶でひと息

着替えてロビーに行き、桑の実やパンダンの葉を使った温かいお茶でくつろぐ

❿ お会計

会計を済ませ、帰る際に担当セラピストにチップ(B100〜200が目安)を渡す

日常を忘れて心から癒やされました。絶対また来ます！

🌸 ボディ・スクラブの種類

タイ・ハーブ

レモングラスやタマリンドなど数種のハーブをブレンドしたタイの定番スクラブ。

タマリンド

料理にも使われるマメ科の植物。天然のAHA酸を含み、美白効果アリ。

マンゴスチン

美白効果があるという南国フルーツ。肌のくすみが気になる人におすすめ。

ライスブラン

ビタミンEを含む米ヌカ。毛穴の汚れを落とし、柔らかく、つややかな肌に。

黒ゴマ

天然のセサミオイルの成分で乾燥肌がしっとりなめらかになり、輝きを取り戻す。

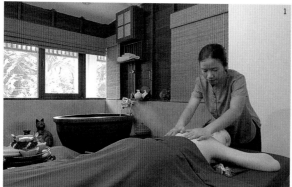

1. 全15室。室内はタイのクラシカルな家具などで装飾 2.「スパ・エレガンス」に含まれるミルキーバスはバラの花びら入り 3. バンコクに4軒をもつ人気スパ

ディヴァナ・マッサージ＆スパ
スクンビット｜別冊MAP P19C2
Divana Massage & Spa

一軒家スパの先駆け的存在

築50年以上のタイ家屋を使った建物は緑の木々や池、蓮の花に囲まれ、癒し度満点。タイの技法をベースにインドや中国の要素も取り入れたトリートメントを用意し、半日〜1日コースが豊富に揃う。使用するスクラブなどのプロダクトは有機農場から届く新鮮なハーブやフルーツで手作り。

DATA 交BTSアソーク駅、MRTスクンビット駅から徒歩5分 住7 Sukhumvit Soi 25 ☎0-2661-6784 時11〜23時。土〜月曜は10時〜（最終受付21時）休なし 要予約 J E E

MENU

スパ・エレガンス
（190分、B 4950）
ハーバル・スチーム、スクラブ、泥パック、アロママッサージ、ミルキーバスなどのセット

イースト・ウエスト・アユール
（90分、B 2250）
経絡に沿って行うタイ伝統の技法と西洋のアロマテラピーを融合した全身マッサージ

プロダクトCHECK！
スクラブをはじめ、ゲストが到着してから作るので新鮮

スパ1930
サイアム｜別冊MAP P15D4
Spa 1930

王族の旧邸宅で静かな時間を

緑の木々に囲まれたタイ様式の建物は1930年建造。19世紀の王、ラマ4世の親戚が住んでいたという由緒ある邸宅を利用している。トリートメントは、8種のマッサージ、自然素材のスクラブ、フェイシャルがメインで、セットメニューも用意。

MENU

1930 ブレンディング・マッサージ
（60分〜、B 1600〜）
東西の技を独自に融合したマッサージ。全身をリズミカルに指圧しながら、疲れを解消

1930 プレ・サン（30分、B 1200）
ココナッツミルクとジャスミンライスをブレンドしたスクラブ。余分な角質を落として全身つやつやに

DATA 交BTSチットロム駅から徒歩6分 住42 Soi Tonson ☎08-8887-1930 時9時30分〜21時30分（最終受付20時）休なし 要予約 E E

プロダクトCHECK！
ショウガやゴマ、お茶、玉子など自然素材で手作りしたスクラブが人気

1. トリートメントルームは全4室 2. 緑を望むレセプション 3. 庭にはパラソル＆チェアやタイマッサージ用の東屋もある

  プチ情報 「ディヴァナ・マッサージ＆スパ」ではオリジナルのスパコスメ用品も販売。ローズ、レモングラスなどのシリーズがあり、シャンプーB 440などが人気。サイアム・パラゴン（→P88）、エンポリアム（→P90）などにもショップがある。

シリ・ギリヤ・スパ
Siri Giriya Spa

バンコク南東部　別冊MAP P5D4

たっぷりハーブを使ったバスが人気

築50年の古民家を改装した館内は、開放感たっぷり。数あるトリートメントのなかでも、約30種類のハーブをブレンドしたハーバル・バスが人気。新陳代謝を促して、デトックス効果も期待できる。

1.元々はオーナーの祖父母の家だった建物 2.全8室ともバス付き

DATA 交BTSオンヌット駅から徒歩10分
住1954/9 Soi Sukhumvit 60, Sukhumvit Rd.
☎0-2741-5199　時10～22時（最終受付19時30分）休なし 要予約 E J E

MENU
シリ・スペシャリティ・トリートメント
（180分、B3250）
ハーバル・バス、スクラブ、マッサージなどで全身ケア。軽食付き

プロダクトCHECK！
スクラブにはライム、ショウガなどナチュラル素材を使用する

1.トリートメントルームは全4室
2.アンティーク調の家具で飾られたロビー

パーム・ハーバル・リトリート
Palm Herbal Retreat

トンロー　別冊MAP P20A1

アジアの素材で美しさを引き出す

築40年の邸宅を改装した館内は、オリエンタルなインテリアで統一。真珠やツバメの巣、金などアジア独特の素材を使ったスクラブなど、バンコクでも希少なトリートメントを体験できる。

プロダクトCHECK！
タマリンドやカミンなど、新鮮なタイのハーブを使った自家製

MENU
フォー・エレメンツ・アロマ・マッサージ
（60分～、B1200～）
生年月日をもとに、火・水・土・風の4要素に準じたオイルを選び、全身をマッサージ

DATA 交BTSトンロー駅から車で5分
住522-2 Thonglor Soi 16, Sukhumvit Rd.
☎0-2391-3254　時10～22時（最終受付20時）休なし 要予約 J E E

トレジャー・スパ
Treasure Spa

トンロー　別冊MAP P20A1

路地奥にある隠れ家スパ

静かな住宅街に立つ。広いガーデンを囲む建物で受けられるのは、新鮮な生ハーブなどを使ったスクラブやボディトリートメント。アットホームな雰囲気も魅力。

MENU
ステップ・オブ・パラダイス
（180分、B3290）
花などのプロダクトで行うボディ・マスク、アロマ・マッサージなどのコース

DATA 交BTSトンロー駅から車で5分
住33 Thonglo 13 Soi Torsak　☎0-2391-7694　時10～22時（最終受付20時）休なし 要予約 E E

全7室。水の音や鳥のさえずりが聞こえる

プロダクトCHECK！
作り置きせず、使うたびに手作りするのがモットー

ネイルサロンも Check！

日本人オーナーできめ細やかなサービスが人気。爪を美しく保つアメリカの「Nail Nek」を使用するのもポイントが高い。

テイク・ケア
Take Care

スクンビット　別冊MAP P19C3

DATA 交BTSプロームポン駅から徒歩1分　住599/6 Sukhumvit 35　☎0-2258-7543　時9～20時（最終受付は19時）休なし 要予約 J J E E

1.ソファは10台。日本語が話せるタイ人ネイリストもいる（要予約）2.ネイルアートB50～、3DネイルアートB400～

高級ホテルで夢のような時間を

空間もワザも超一流
極上のホテルスパ

ラグジュアリーな空間と細やかなサービスが日常を忘れさせてくれるホテルスパ。
高級ホテルのほとんどに併設され、ハイレベルなメニューを日本より安価に体験できる。

チャオプラ
ヤー川西岸 ／ 別冊 MAP P10B3 ● Ｈ ペニンシュラ

ザ・ペニンシュラ・スパ
The Peninsula Spa

タイ・コロニアル様式の
エレガントな空間

コロニアル調の長い廊下、アジアンスタイルで統一されたトリートメントルームなど、雰囲気がいい。約30種のトリートメントは、英国のコスメブランド「ESPA」と提携し、タイ伝統の手法を融合したもの。

MENU
○ペニンシュラ・スリープサポート・セラピー
(120分、B6500)
○サ・ペニンシュラ・ロイヤル・タイ・マッサージ
(90分、B4000)

DATA 交BTSサパーンタクシン駅前のサトーン船着場から専用ボートで2分 住Ｈペニンシュラ内(→P111) ☎0-2020-2888 時9〜23時(最終受付は20時30分) 休なし
☑日本語スタッフ ☑日本語メニュー
☑英語スタッフ ☑英語メニュー
☑要予約

1. 高級感漂うリバープライベート・スパ・スイート
2. ESPA 考案のアーユルヴェーダを取り入れたボディトリートメントが人気 3. スパで利用するスキンケア製品は購入もできる

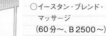

サイアム ／ 別冊 MAP P15C4 ● Ｈ ハンサー

ラクサ・スパ
Luxsa Spa

古来より伝わる4つの要素がベース

タイ伝統療法の基礎である4つの要素(土、水、風、火)の思想を取り入れ、心身のバランスを整える。オーガニックコットンのバスローブ、オリジナルコーヒーのスクラブなど、使う素材にもこだわりアリ。

MENU
○イースタン・ブレンド・マッサージ
(60分〜、B2500〜)
○ココナッツ・グロウ
(スクラブ)
(60分、B2000)

DATA 交BTSラチャダムリ駅から徒歩5分 住10F Hansar Hotel, 3/250 Soi Mahadlekluang 2, Ratchadamri Rd. ☎0-2209-1236 時10〜22時(最終受付20時) 休なし
☐日本語スタッフ ☐日本語メニュー
☑英語スタッフ ☑英語メニュー ☑要予約

1. 屋外ジャクジーが付いたVIPルームほか全8室 2. レセプション前ではシャワージェルB550など、オリジナルのボディケア用品も販売 3. 使用するオイルは土、水、風、火の要素にちなんだ4種

まめちしき 高級スパでは、キャンセル料に注意。予約時間の24時間前までは無料、連絡なしに行かなかった場合は施術料金の50〜100%など、規定はスパにより異なるので、予約の際に必ず確認を。

ホテルスパの楽しみ方

ゴージャスな設備やサービスを満喫

高級ホテルのスパでは、内装に凝った美しい館内や充実した施設を楽しむのも醍醐味だ。一軒家スパや街なかのマッサージサロンにはないプールやサウナ、ジャクジーを併設し、スパのゲストは施術前後に自由に使えるところも多い。また、ホテルが直接経営に携わっているので、スタッフの接客ももちろんホテル仕込み。宿泊していなくても、ゲストとして大切に扱ってくれるので、優雅な気分を満喫できる。

● H グランド・ハイアット・エラワン

サイアム 別冊MAP P15C4

アイサワン・レジデンシャル・スパ&クラブ
i. Sawan Residential Spa & Club

バンガローでゆったりと

7000㎡の敷地はバンコクのスパでも最大規模。緑あふれる屋外プールを囲むように、トリートメント用バンガローが並ぶ。マッサージやパッケージなどのメニューは、癒しを重視したもの、エネルギーを満たすためのものなどが揃い、目的別にチョイス可能。

MENU
○エッセンス・オブ・アイサワン
（60分～、B 3400～）
○ホット・ストーン
（90分～、B 4200～）

DATA 交BTSチットロム駅から徒歩3分 住5F,Grand Hyatt Erawan Bangkok,494 Rajdamri Rd. ☎0-2254-6310 時9～23時（最終受付21時45分）休なし
□日本語スタッフ ☑日本語メニュー
☑英語スタッフ ☑英語メニュー
☑要予約

1. スクラブにはフルーツなどを使う 2. 血行を促して疲れを癒やす全身マッサージ 3.4. 全6棟のバンガローがあり、1棟ずつが個室のトリートメントルームになっている

MENU
○エレメンツ・オブ・ライフ
（90分、B 2800）
○アーユルヴェディック・ハイド・アウェイ
（120分、B 4000）

● H グランデ・センター・ポイント・プルーンチット

サイアム 別冊MAP P15D4

ラリンジンダ・ウェルネス・スパ
Rarinjinda Wellness Spa

バンコク随一の"ルーフトップ・スパ"

チェンマイとバンコクに2軒をもつラグジュアリー・スパの3号店で、ホテル30階と市内随一の高さに位置。タイ式からインド式まで豊富に揃い、ゲストひとりひとりの心身を見極めることがモットー。

DATA 交BTSプルーンチット駅から徒歩5分 住30F Grande Centre Point Ploenchit Hotel, 100Wireless Rd. ☎0-2651-5225 時10～24時（最終受付22時）休なし
□日本語スタッフ □日本語メニュー
☑英語スタッフ ☑英語メニュー ☑要予約

1. ハーブボール付きアロママッサージ B1700(60分)も人気 2. オリジナルのオイルやスクラブは販売コーナーも 3. 大きな窓があり開放的

お手ごろ価格でリラックス

秘伝のワザで全身爽快!!
タイ古式マッサージ

約2500年前にインドから仏教と共に伝わり、寺院を中心に広まったタイの伝統マッサージ。
セン（全身のエネルギーのライン）の刺激やストレッチを組み合わせた技で全身スッキリ。

技の一部を大公開

きたきた〜

↑足の裏と太もも裏を同時にほぐす、一連の最初の技

↓手の平やひじでツボを刺激し、凝ったお尻をほぐしていく

もうこれ以上は…

↑定番のエビ反り。痛そうに見えるが、やさしく引っ張ってくれるので大丈夫

←お尻からつま先までをゆっくりストレッチ

気持ちいい〜

←首の付け根から肩を経絡に沿ってのばしてゆく

↑マッサージ師が下になって全身をストレッチ

→マッサージ師がゆっくり体重をかけて背中を押す。足の裏側もほぐれる

じわじわきてます

予約はいりません。着替えは用意してあるので、手ぶらでOKですよ。

←頭の後ろで組んだ両腕を持ち、ゆっくり左右にひねる技。上半身を整える

マッサージ師のスウィモルさん

スクンビット｜別冊MAP P19C3
ワット・ポー・マッサージ・スクール・
スクムビット校 直営サロン39
The Wat Po's Massage School Sukhumvit Campus Salon 39

本家の技を唯一受け継ぐ

タイ式マッサージの総本山であるワット・ポー（→P80）の直営校が経営。厳しい訓練を受けたマッサージ師のみが常駐し、伝統の技を駆使したマッサージを格安で受けられる。

DATA 交BTSプロームポン駅から徒歩3分 住1/54-55 Soi 39 Sukhumvit Rd. ☎0-2261-0567 時9時〜22時30分（最終受付）。金〜日曜、祝日〜23時（最終受付）休なし ♪ⒿⒺⒷ

MENU
○タイ古式マッサージ
（60分〜、B 300〜）
○足マッサージ
（60分〜、B 300〜）
○足裏角質取り＋
タイ古式マッサージ
（120分〜、B 530〜）

プチ情報 「ワット・ポー」の名が付く正式なサロンは上記1軒のみなので、類似店に注意。マッサージを受ける場合は、飲酒後や妊娠時は避けて、施術後は老廃物が出るように水分を多く摂ろう。

別冊 MAP P19C4

リフレッシュ@24 スパ
Refresh@24 Spa

ゴージャスな空間で お手頃マッサージ

各部屋のインテリアは異なる

住宅街にあるカジュアル店。タイ古式とスウェディッシュの技法を合わせたシグネチャー・マッサージ（90分、B650）が人気。マッサージ以外にも、ボディスクラブなどのスパメニューが充実。

DATA 交BTS プロームポン駅から徒歩15分 住43 Soi Sukhumvit 24 ☎0-2259-7235 時9時30分〜翌1時（最終受付は23時）休なし E E

別冊 MAP P18B1

ヘルス・ランド
Health Land

バンコクに7軒を もつ人気店

オリエンタルなインテリア

一軒家風の店構えで、ゴージャスな雰囲気ながら、手ごろなのが魅力。タイ古式マッサージ（120分、B600）のほか、足マッサージ、ハーバルボール、ヘッドマッサージ、フェイシャルなども組み合わせられる。

DATA 交BTS アソーク駅、MRT スクンビット駅から徒歩10分 住55/5 Sukhumvit 21 Rd. ☎0-2261-1110 時9〜24時（最終受付21時30分）休なし E E

別冊 MAP P19D4

プッサパー・ タイ・マッサージ
Phussapa Thai Massage

専門学校直営で 技に定評アリ

趣のある正面玄関

タイの文部省認定のマッサージ専門学校に併設されたサロン。理論と技術を学んだマッサージ師が常駐している。タイ古式マッサージ（60分〜、B250〜）のほか、校長直伝のハーバルボールもぜひ。

DATA 交BTS プロームポン駅から徒歩5分 住25/8 Soi 26, Sukhumvit Rd. ☎0-2204-2922〜3 時10〜24時（最終受付はコースの時間により異なる）休なし J J B E

別冊 MAP P20A2

スマライ・ スパ&マッサージ
Sumalai Spa & Massage

バンコク在住の 日本人に人気

スタッフも親切で居心地満点

以前はスクラブやフェイシャルマッサージが人気の美容室をやっていたオーナーが手がけるサロン。アットホームな雰囲気ながら、タイ古式マッサージ（120分、B650）をはじめ、多彩なメニューが揃う。

DATA 交BTS トンロー駅から徒歩7分 住159/13-14 Soi Thonglo 7-9, Sukhumvit 55 Rd. ☎0-2392-1663 時10〜24時（最終受付23時）休なし J J B E

別冊 MAP P18B2

キング&アイ・ スパ・マッサージ
King & I Spa Massage

モダンな雰囲気と 確かな技術

足マッサージはふかふかのレザーチェアで受けられる

フットマッサージ（60分〜、B550〜）のほか、古式、アロマなどのマッサージが揃う。高級感あふれるインテリアだが、リーズナブルで常連が多い。

DATA 交BTS アソーク駅、MRT スクンビット駅から徒歩3分 住1F Sukhumvit Plaza, 212/8 Soi 12, Sukhumvit Rd. ☎0-2653-0700 時9時30分〜24時（最終受付22時30分）休なし J B E

Check!

別冊 MAP P21C4

ワット・ポー・タイ・ トラディショナル・ メディカル&マッサージ・ スクール
Watpo Thai Traditional Medical & Massage School

実際にマッサージしながら技を伝授

旅行者もタイ古式マッサージを学ぶことができるスクール。タイ古式マッサージコース（5日間B1万2000）、フットマッサージコース（5日間B1万500）など。スクールの申込みは直接事務所へ。

DATA 交MRT サナームチャイ駅から徒歩3分 住392/25-28 Soi Pen Phat 1, Maharat Rd. ☎0-2622-3533/0-2622-3551 時受付8〜17時 休なし

一度使ったら虜になる！

タイハーブの力で美しく
ホームスパ・プロダクツ

ハーブやフルーツなどを使い、自宅でもスパ気分を楽しめるスキンケア用品やバス用品の専門ブランドがバンコクには充実。マストのブランドをチェック！ ※各商品は参考商品

Ⓐ タイを代表する高級スパ用品

手前右から時計回りにリストレージ・ナイトクリームB 3650、パパイヤ・ボディ・ウォッシュ、ジャスミンとミントの香りのハンド＆ネイルクリームB 990、ジャスミンエキスとオリーブオイル配合のデイリー・ヘア・クレンザー＆コンディショナー各B 580

Ⓑ タイのハーブを効果的にブレンド

左から右にフェイシャル・ムース・ウォッシュ、アップ・イン・アーム（脇の下用デトックスマスク）B 750、マンゴーとバナナの香りのシャワー＆バス・クリーム、蓮やジャスミンなど100%自然素材を使ったセブン・ポレン・フェイス・セラムB 3350

Ⓐ パンピューリ
Panpuri

サイアム／別冊MAP ● P15C3

世界の高級ホテルやスパでも使われる高品質のブランド。ジャスミンやレモングラスなどの材料は契約農家で栽培したものを使用。社内デザイナーによるパッケージにもファンが多い。

DATA ㊇BTSチットロム駅直結 ㊀ゲイゾーン（→P89）2F ☎0-2656-1199 ㊞10〜20時 ㊡なし Ⓔ

Ⓑ アーブ
Erb

サイアム／別冊MAP ● P14B3

幼少時からタイのハーブに親しんできたオーナーのパットリーさんが開発。数種のハーブを融合して最大の効果を引き出すのが特徴で、スキンケア用品などに定評がある。

DATA ㊇BTSサイアム駅直結 ㊀サイアム・パラゴン（→P88）4F ☎0-2690-1000（代） ㊞10〜22時 ㊡なし Ⓔ

Ⓒ プラナリ
Pranali

サイアム／別冊MAP ● P14B3

スパ専門誌『Spa Asia』でも高く評価されるスパに併設するショップ。タイの黒米、サムイ島のココナッツ、南国フルーツの龍眼などを使用したシリーズがあり、やさしい使い心地。

DATA ㊇BTSサイアム駅直結 ㊀サイアム・パラゴン（→P88）3F ☎0-2610-9686 ㊞10〜21時 ㊡なし Ⓔ

 プチ情報 「パンピューリ」、「プラナリ」、「タン」、「ハーン」は各ショップにスパを併設。自社商品を贅沢に使ったトリートメントを受けられる。例えば、「ハーン」では全身マッサージB 1800〜（60分）など。要予約。

Check !

サイアム　別冊MAP P15C3
カルマカメット
Karmakamet

世界中にファンをもつ、タイの高級アロマグッズ専門店。エッセンシャルオイルは厳選した植物を約100回精製して抽出。アジアの香りをメインとしたポプリなどホーム用品のほか、ボディケア用品も揃う。

DATA 交BTSチットロム駅から徒歩5分 住セントラル・ワールド（→P89）1F ☎0-2613-1397 時10〜22時 休なし E

1. サシェB220。クローブ、シナモンなどをブレンドした人気シリーズ　2. アロマキャンドルB530〜。レモングラスとミントの香り。ロウや芯も自然素材を使用

Pranali

有機素材への こだわり

手前右から後ろにナチュラル・レモングラス・ソープバーB155、ジャスミンのナチュラル・ホワイトニング・シャワー・ジェルB400、シリン・ライス・ピュアファイング・ボディ・スクラブB1050、ハーバルボールB380

Mt. Sapola

ホーム・スパの 先駆け

手前右から時計回りにレモングラスのスカルプ・マッサージ・オイルB780、レモングラスのシャワー・スクラブB640、スイート・ドリーム・バス・ソルト、レモングラスのソープB185〜

Thann

上質素材と 最新科学を融合

手前中央から時計回りにピュア・エッセンシャルオイルB2850、ライス・コレクション・ハンド・クリームB790、ボディ・ミルクB850、アロマティック・ウッド・シャワージェルB650

Harnn

お米ベースの やさしい使用感

手前右から時計回りにブラック・ライス・チャコール・ソープB220、ジャスミン＆ザクロのハンドクリームB790、オリエンタル・ハーブ・スキン・リバイタリング・ローションB1250、シンポゴン・ノーリッシュ・ボディ・バター

D マウント・サポラ
Mt. Sapola

サイアム／別冊MAP ● P14B3

1997年創業で、天然素材の石鹸を作ったのが始まり。定番人気の「レモングラス」、ラベンダーがベースの「スイート・ドリーム」など、それぞれ効能や香りが異なるラインを揃える。

DATA 交BTSサイアム駅直結 住サイアム・パラゴン（→P88）4F ☎0-2274-2456 時10時〜21時30分 休なし E

E タン
Thann

サイアム／別冊MAP ● P15C3

皮膚科学とアロマテラピーのメソッドを組み合せた商品で、国内外のホテルでも使用されている。米、シソなど自然素材のシリーズが揃う。パッケージはグッドデザイン賞を受賞。

DATA 交BTSチットロム駅から徒歩1分 住ゲイソーン（→P89）3F ☎0-2656-1399 時10〜20時 休なし E

F ハーン
Harnn

スクンビット／別冊MAP ● P19C3

タイ伝統のハーブ療法をベースに、全商品に3種のビタミンEを含む希少米「オリザ・サティバ」から抽出したオイルを配合。特許取得の製法による胚芽オイルのソープも人気。

DATA 交BTSプロームポン駅から徒歩1分 住エンポリアム（→P90）4F ☎0-2664-9935 時10時〜21時30分 休なし J E

ひと口食べればシアワセ♥
ビタミン補給でキレイに！
フルーツ＆南国スイーツ

常夏のバンコクはおいしいトロピカルフルーツのパラダイス。人気のマンゴー・スイーツのほか、
フルーツを使ったアイスやドリンクも充実し、お肌にうれしいビタミンもいっぱい！

とれたて♪

プリン・ア・ラ・モード
B 250
コニャックが入った
大人味の自家製プリンに、10種以上
のフルーツ Ⓐ

フルーツ系

マンゴー・タンゴ　B 190
完熟マンゴーに、特製マンゴー
プリンとマンゴーアイスを添え
た人気メニュー Ⓓ

マンゴー・ルンバ　B 135
タピオカの上に、マンゴー
プリンと旬のフルーツがどっさり Ⓓ

パーデン・
フルーツ・パフェ
B 220
パッションフルーツの
シャーベットなどに、8種以上のフルーツ Ⓐ

Ⓐ パーデン
Parden

スクンビット／別冊 MAP ● P19D2

タイ人のご主人と日本人の奥様が
営むフルーツパーラー。季節の果物
たっぷりのデザートは、オーガニック
素材などを厳選し、アイスやプリン
も特製。雑貨コーナーも必見！

DATA　交BTSプロームポン駅から徒歩7
分　住The Manor 2F, 32/1 Sukhumvit
Soi 39　☎0-2204-
2205　時11時〜17
時45分（土・日曜は
12時〜）　休月・火曜
Ⓙ Ⓙ Ⓔ

Ⓑ メイク・ミー・マンゴー
Make Me Mango

王宮周辺／別冊 MAP ● P21C3

40年前の建物を改装した、かわい
いマンゴーデザート専門カフェ。甘み
の強いナムドクマイ種マンゴーを使
用し、女性オーナーのプロイさんが全
メニューを考案している。

DATA　交MRT サナームチャイ駅から徒
歩8分　住67 Maharat Rd. Phra Borom
Maha Ratchawang
☎0-2622-0899
時10時30分〜20
時30分　休なし
Ⓔ Ⓔ

Ⓒ アイベリー
iberry

サイアム／別冊 MAP ● P14B3

タイ産の新鮮なフルーツを使ったアイ
スクリームとシャーベットの専門
店。季節替わりで常時 約50種を
揃え、どれも素材の味そのもの！約
25種のスムージーB 115〜もぜひ。

DATA　交BTSサイアム駅直結　住サイア
ム・パラゴン（→P88）
GF　電なし　時9時
30分〜22時30分
休なし Ⓔ Ⓔ

プチ情報　マンゴーやスイカなど南国フルーツの屋台は、暑い日の水分＆栄養補給にぴったり。フルーツを指さすと、
その場で切ってビニール袋に入れてくれる。1種で約B 20。グアバなどに塩をまぶしたものなども定番。

自然素材の伝統おやつ

ココナッツミルクやバナナ、緑豆などを多く使い、昔ながらのやさしい甘さが特徴。ぜんざい風のものも多い。

カノム
B 8〜（2個）
フルーツ型が定番。緑豆あんを使った練りきり風 **F**

カノム・クロック
B 180
ココナッツミルクと米粉を使った生地を焼いたもの **E**

タプティム・クロープ
B 190
クワイの実をゼリーで包み、ココナッツミルクにイン **E**

クルワイ・ブワッチー
B 180
バナナのココナッツミルク煮。甘さ控えめで素朴 **E**

フルーツアイス系

マンゴー・ビンスー
B 265
ミルク味のフワフワかき氷に生マンゴーやマンゴーアイスなどがたっぷり！ **B**

アイスクリーム
3種盛合わせ B 180
マンゴーミルク、パラダイスティー、パンダンリーフの3種。好みの味を選べる **C**

マンゴー・スイング
B 100
新鮮なタイ産マンゴーをたっぷり使ったシェイク。ナチュラルな甘さが広がる **D**

ドリンク系

バナナ・ベリー・ヨーグルト B 115
バナナとイチゴ、ヨーグルトを合わせた爽やかなスムージー **C**

ソルベ
3種盛合わせ
B 180
ブルーベリー＆マンゴー、パッションフルーツ、ライチの3種 **C**

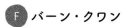
ヘルシー！

ライチ・アロハ B 115
ライチとキウイをミックスしたスムージー。トロピカルなテイスト **C**

D マンゴー・タンゴ
Mango Tango

サイアム／別冊 MAP ● P14B3

バンコクのフルーツスイーツの火付け役となった、マンゴースイーツ専門店。厳選したタイ産完熟マンゴーを使ったデザートやアイス、ドリンクが人気で、終日行列必至！

DATA 交BTSサイアム駅から徒歩3分
住258/11-12 Siam Square Soi 3
☎0-2658-4660
時12〜22時 休なし **E E**

E エラワン・ティールーム
Erawan Tea Room

サイアム／別冊 MAP ● P15C3

Ｈグランド・ハイアット・エラワンが手がけるカフェ＆レストラン。タイの屋台料理を洗練させたメニューが揃い、麺や一品料理などのほか、スイーツも伝統系から創作系まで豊富。

DATA 交BTSチットロム駅から徒歩3分
住2F, Erawan Bangkok Boutique Mall, Rajdamri Rd.
☎0-2254-1234（代）時10〜22時
休なし **E E**

F バーン・クワン
Baan Khwan

バンコク南東部／別冊 MAP ● P5D4

米粉やココナッツミルクで作るタイの伝統菓子「カノム」の専門店。果物や花をかたどった約50種はひと口サイズで、色も形もキュート！9個を選べるボックスB 80〜なども。

DATA 交BTSプラカノン駅から徒歩3分
住1040/24, Soi 44/2 Sukhumvit Rd. ☎0-2392-6698 時8〜17時
休日曜 **E**

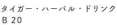

タイガー・ハーバル・ドリンク
B 20

タイガー・ハーブ(ツボクサ)を使った、いわばタイ版の青汁！

[効能]
美肌、貧血、ストレス

[効能]
便秘、美肌

マンゴー・ボッサ
B 130

マンゴー・シェイクの上にココナッツ・シェイクがのってクリーミー Ⓐ

ザクロ
ジュース
B 18

ビタミンやポリフェノールを多く含み、人気急上昇中。イチゴに似た甘さ Ⓓ

[効能]
美肌、むくみ

[効能]
美肌、整腸

体の中からリフレッシュ！

キレイになれる "美ドリンク"

タイのハーブを使ったジュースやトロピカルフルーツを使ったスムージーなど、バンコクにはヘルシーなドリンクがいっぱい！

レモングラス＆パンダン・ドリンク　B 20

レモングラスがさわやか。パンダンは笹の葉に似た植物で、すがすがしい香り Ⓒ

[効能]
ストレス、整腸

[効能]
ほてり、風邪

バナナ・ミルク・シェイクB 50

バナナの甘い香りと濃厚な風味を丸ごと堪能。甘さ控えめであっさり Ⓑ

グラス・ゼリー・ドリンク　B 20

シソ科の薬草、仙草を使用。ぷるぷるしていて、飲むゼリーのよう Ⓒ

[効能]
整腸、便秘

ナタデココ入りココナッツジュース
B 12

甘みが強いが清涼感がある。ナタデココの食感も楽しい Ⓓ

Ⓐ マンゴー・タンゴ
Mango Tango

完熟マンゴーを使ったスイーツを30種以上も用意する専門店。DATA →P27

Ⓑ クルアイ・クルアイ
Kluay Kluay

バナナのスイーツを揃える専門店。自然な甘みを愉しめるドリンクのほかに、バナナを入れた揚げワンタンやドーナツ風のフライドバナナなども人気。

DATA 交BTSサイアム駅から徒歩2分 住2F Lido Connect, Siam Sq. Soi 2 ☎0-2658-1934 時10時30分〜21時 休なし ⒺⒿⒺ サイアム／別冊MAP P14B3

Ⓒ スーントラ
Soontra

BTS駅の構内にあるドリンク屋台。グアバ、レモングラスなど常時約17種が揃い、素材を生かしたフレッシュな味が人気。飲みきりサイズなのもうれしい。BTSチットロム駅など、主要駅に出店。営業は7〜20時(土・日曜は8時〜)。

Ⓓ セブンイレブン
Seven Eleven

バンコクに点在する、おなじみのコンビニ。外観も店内も日本とほぼ同じで、ドリンクコーナーも充実。フルーツやココナッツなどのジュースが揃う。

プチ情報 バンコクのあちこちで売られている搾りたてのオレンジジュースは、日本のものより酸味が強く、さっぱりした味でビタミンCも豊富。暑い街なかを歩いて疲れた身体にぴったり。1杯 B20 前後。

Lala Citta Bangkok

Story 2

おいしいもの
Gourmet

唐辛子とハーブがきいた刺激的なタイ料理。
名店で見目麗しいメニューを堪能するもよし、
食堂でローカルフードをワイワイ食べるのもよし。

日本で一番有名なタイ料理

世界3大スープの一つ
I LOVE ♥ トムヤムクン

タイのスープといえばトムヤムクンがあまりにも有名。ハーブのさわやかな香りとエビの濃厚なうま味が織り成す、辛くて酸っぱい刺激的な味を楽しもう。

 サイアム 別冊MAP P15C3

ナラ
Nara thai cuisine

研究を重ねてたどり着いた味

著名な女性料理研究家であるユキ・ナラワディーさんがオーナーのタイ料理レストラン。昔から愛されてきた定番のタイ料理を揃え、その真髄を極めながら現代風にアレンジ。美しい盛り付けにも女性ならではセンスが光る。

B 440

1. レモングラスやライムの香りをきかせ、ほどよい酸味のトムヤムクン。川エビのうま味たっぷりで濃厚な味わい
2. 少人数用のテーブルも多く、気軽に立ち寄れる。テラス風の席もあり

＼サイド MENU／
ピリ辛の豚ひき肉サラダ「ラープ」を丸めて揚げたラープボール B195

```
DATA 交BTSチットロム駅から徒歩5分 住セントラル・ワールド(→P89)
7F ☎0-2613-1658 時10〜22時(ラストオーダー21時25分) 休なし
□日本語スタッフ  ☑日本語メニュー
☑英語スタッフ   ☑英語メニュー    □要予約
```

スクンビット 別冊MAP P19C1

ローカル
The Local by Oamthong Thai Cuisine

名門レストランがリニューアル

歴代首相や各界著名人御用達のタイ料理店「オーム・トーン」が2012年に移転して再オープン。メニューは新鮮な素材にこだわった、伝統的なタイ料理。器や農具を展示したミニ博物館も併設している。

B 180〜

1. 大ぶりの川エビが入り、数種類のハーブがきいた、スッキリとした味わいのトムヤムクン。2〜3人用はB350 2. 洋風の邸宅を2軒使った、広々とした空間。個室もある

＼サイド MENU／
人気メニュー5品を一度に味わえる前菜の盛合せ B290

```
DATA 交BTSアソーク駅から徒歩10分 住32
Sukhumvit 23 ☎0-2664-0664 時11時30分〜
14時30分、17時30分〜23時 休なし
□日本語スタッフ  □日本語メニュー
☑英語スタッフ   ☑英語メニュー   □要予約
```

まめちしき トムヤムクンとは、煮る(トム)、混ぜる(ヤム)、エビ(クン)の意味。具材違いの、トムヤムムー(豚肉スープ)、トムヤムタレー(魚介スープ)、トムヤムガー(鶏肉スープ)などもある。

トムヤムクンに欠かせない材料

ハーブ類
レモングラス、ショウガ、ライム、コブミカンの葉、唐辛子の5種類が基本。食べる際は、先に取り除いておくと食べやすくなる。

キノコ
フクロ茸というキノコを使う。フレッシュなものは歯ざわりがよく、香りも豊か。

エビ
川エビ(クン・メナーム)を使うのが本式。濃厚なエビミソがスープに溶けて奥深い味になる。

トンロー | 別冊 MAP P20A1

トンクルアン
Thonkrueng

B 278

1

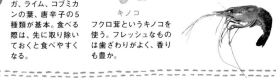

地元で愛される王道タイ料理店

どれもおいしいうえに、値段も手ごろと地元で人気のタイ料理店。名物のトムヤムクンのほか、ソフトシェルクラブのカレー粉炒め、プーパッポンカリー B449 などが人気メニュー。テラス席や個室も用意されている。

1. ナンプリックパオという自家製の香味ペーストが奥深い味を生み出す 地元っ子が絶賛するトムヤムクン
2. 在住日本人にも絶大な人気を誇る。週末は予約がベター

DATA 交BTSプロームポン駅から車で5分 住211/3 Sukhumvit Soi 49/13, Sukhumvit Rd. ☎0-2185-3072 時11時～22時30分 休なし
☑日本語スタッフ　□日本語メニュー
☑英語スタッフ　☑英語メニュー　□要予約

\サイドMENU/

カレー風味の魚のすり身の蒸し焼き、ホーモック B203

サイアム | 別冊 MAP P7D3

ピーオー
Pe Aor

1

B 60

コスパ抜群の絶品トムヤムクン

テレビの料理番組で有名なオーさんが切り盛りする店。一杯 B60 とリーズナブルながら大きな川エビを使ったトムヤムクンは贅沢な味わいで、好みの麺と一緒に食べる鉄板メニュー。ロブスターを使った海鮮トムヤム B1500 も人気。

1. 濃厚なナムコンスープにミソたっぷりの川エビをトッピングしたクイティオ・トムヤムクン。麺は7種類から選べる。裏路地の小さな店に世界中からファンが集まる

DATA 交BTSラチャテーウィー駅から徒歩7分 住68/51 Petchaburi Soi 5 ☎0-2612-9013 時10～21時 休月曜
□日本語スタッフ　□日本語メニュー
☑英語スタッフ　☑英語メニュー　□要予約

\サイドMENU/

ビールが欲しくなるエビ春巻きのポーピア・クン・トード B50。ビール B60 はスタッフが近所で調達してくれる

秘伝のスパイスがポイントです

やっぱり本場で食べたい！
タイカレー決定版

タイカレーは赤唐辛子をベースにしたレッド、青唐辛子のペーストを使うグリーン、ターメリックを使ったイエローの3種類が定番。最近はマッサマン・カレーも人気上昇中！

シーロム ｜別冊MAP P17C1｜ ルアン・ウライ
Ruen Urai

古民家で王宮伝統の味を

ラマ5世時代(19世紀後半〜)の古い高床式木造住居を利用したエレガントな店舗。ハーブやスパイスをたっぷりと使った高級タイ料理を味わえる。カレーをはじめ、伝統のレシピで作られる繊細なタイ料理が評判だ。

DATA 交BTSサラデーン駅から徒歩10分 住The Rose Hotel 敷地内, 118 Surawong Rd. ☎0-2266-8268 時12〜23時 休なし

□日本語スタッフ □日本語メニュー
☑英語スタッフ ☑英語メニュー
☑要予約

緑の中庭とプールに面した1階ダイニング

＼サイドMENU／
前菜の盛合せB300〜500。マグロの辛味和えはオリジナル

マッサマン・カレー
Gaeng Massamun

辛味が少なく、ココナッツミルクの甘さが特徴で、具は牛肉か鶏肉、ジャガイモ、ナッツなど。タイ南部のイスラム教徒が好んで食べたことから「イスラム風カレー」ともよばれる。

マッサマン・カレーB350。ココナッツミルクの自然な甘さに、さわやかなライムやレモングラスが香る

サイアム ｜別冊MAP P15C1｜ ワンス・アポン・ア・タイム
Once Upon A Time

古民家で楽しむタイの家庭の味

木造の一軒家を利用した、趣あるタイ料理店。アンティークな木の机や椅子が置かれたダイニングで、丁寧に手作りされたタイの家庭料理を味わえる。新鮮なハーブをたっぷり使ったカレーが特に人気。

DATA 交BTSラチャテーウィー駅から徒歩15分 住32-34 Soi 17 Petchburi Rd. ☎0-2252-8629 時11〜23時 休なし

□日本語スタッフ □日本語メニュー
☑英語スタッフ ☑英語メニュー
□要予約

写真館だった名残で古い写真があちこちに

＼サイドMENU／
ザボンのサラダ、ヤム・ソム・オーB195.25。ナッツが隠し味

レッド・カレー
Gaeng Pett

タイ産の赤唐辛子をペースト状にしたものがベースで、濃い赤色と辛味の強さが特徴。具は牛肉や鶏肉、鴨肉、魚介類が定番で、かぼちゃを入れることもある。

鶏肉のレッドカレーB267.50。ハーブの香りや鶏肉のうま味を引き出したソースはとろりと濃厚

 まめちしき カレーを注文すると、たいていご飯が付く。普通の白米だけでなく、赤い古代米や色付けされたジャスミンライスなどが一緒に出てくることも。また、カレーをインド風のロティにつけて食べるのも一般的。ご飯とロティは別注文の店もある。
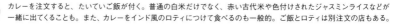

タイカレーに使われるスパイスとハーブ

赤唐辛子
（プリック・キヌー）

比較的小さな唐辛子で、数ある唐辛子のなかで最も辛い。緑色もある

青唐辛子
（プリック・チーファー）

さほど辛くなく、色の美しさでグリーンカレーなどに使われることが多い

コショウの実
（プリック・タイ）

タイのカレーでは生の実を潰してペーストに混ぜる。ピリッとした辛さ

タイショウガ（カー）

ショウガに似ているが、香りが強く、さまざまなカレーペーストに入っている

レモングラス（タッ・クライ）

タイ人にとってはダシのような存在。もちろんカレーにも使われている

＼サイドMENU／

クリーミーな魚のすり身蒸し、ホーモック・プラー B90

グリーン・カレー
Gaeng Kiew Warn

青唐辛子をペースト状にしたものを使うのが緑色の理由。「Warn（ワーン）」は「甘い」の意味だが、決して甘くはない。具は鶏肉か牛肉が定番で、マメナスが入る。

ビーフ・グリーン・カレー＆ロティ B110。カレーにロティを添えたのはここが元祖

シーロム　別冊MAP P16A3

カラパプルック
Kalapapruek

グリーン・カレーならココという名店

グリーン・カレーで有名なタイ料理レストランの本店で、ベーカリーも併設する。白を基調としたウッディな店内はいつも近隣のOLたちで賑わう。セントラル・ワールド（→P89）などにも支店を展開。

自家製のバケットやケーキ、パイなども人気

DATA 交BTSスラサック駅から徒歩5分 住27 Pramual Rd. ☎0-2236-4335 時9～18時（日曜は～15時）休なし
- □日本語スタッフ　□日本語メニュー
- ☑英語スタッフ　☑英語メニュー
- □要予約

ローストダックのレッドカレーB270もおすすめ

イエロー・カレー
Gaeng Curry

黄色はたっぷりのターメリックが由来。鶏肉やジャガイモを材料とするのが定番で、パイナップルなどを入れる場合も。味はマイルドで、ふんわりとした甘さ。

ゲーン・カリー・チキン B190。トマトとパイナップルのフルーティーな味わい

シーロム　別冊MAP P11C4

クイーン・オブ・カレー
Queen of Curry

3種類のカレーを食べ比べ！

グリーン、レッド、イエローのタイカレーをメインにした専門店。オーナーは英国のカレーコンテストで優勝した女性シェフで、ココナッツの実を器にしたスペシャルB270～もある。

BTSサパーンタクシン駅の裏手にあり日本人客も多い

DATA 交BTSサパーンタクシン駅から徒歩2分 住49 Soi 50, Charoenkrung Rd. ☎0-2234-4321 時10～22時（日曜は16時～）休なし
- □日本語スタッフ　□日本語メニュー
- ☑英語スタッフ　☑英語メニュー
- □要予約（予約は前日まで可）

日本よりもかなりリーズナブルです

大きなエビ・カニ好きなだけ!
お得にシーフード

長い海岸線をもち、海の幸に恵まれたタイは、エビやカニ、シャコといった
シーフードが安くて美味。タイならではの付けダレや調理法であれこれ試してみよう。

サイアム | **別冊 MAP P14B3**

ソンブーン
Somboon Seafood

元祖の貫禄!不動の人気店

カニのカレー粉炒め、プー・パッ・ポンカリー発祥の店として知られる。約半世紀前、カレー粉と玉子液を混ぜてカニと炒めた料理が評判を呼び、一躍有名に。使用するカニは爪の大きなマッドクラブで、サイズによって料金が異なる。

> ギュッと詰まったカニ肉とふんわり玉子ソースをご飯にのせて食べると最高。辛さはなく子供でも食べやすい

プー・パッ・ポンカリー **イチオシ!**
B420〜1200

DATA　交BTSサイアム駅から徒歩1分　住サイアム・スクエア・ワン(→P88) 4F　☎0-2115-1410　時11〜22時　休なし　E J E

週末は予約がベター

人気のショッピングモールにありアクセスもよい

> 甘辛い醤油風味のマッドクラブと春雨の蒸し物。エビを使ったクン・オップ・ウンセンも定番

サイアム | **別冊 MAP P14B3**

バーン・クン・メー
Ban Khun Mae

タイの"おふくろの味"に舌鼓

「お母さんの家」を意味する店名どおり、タイの家庭料理が勢揃い。なかでも新鮮魚介を用いた料理がリーズナブルで、活ガニを蒸したプー・オップ・ウンセンは自慢の味の一つ。トムヤムスープに魚介をたっぷり入れたポーテークもぜひ。

DATA　交BTSサイアム駅から徒歩3分　住458/6-9 Siam Square Soi 8　☎0-2250-1952　時11〜23時　休なし　E E

イチオシ! プー・オップ・ウンセン B420

1. エビ、カニ、イカ、貝類が入ったポーテークB230
2. チェンマイの古民家を移築した店は雰囲気も最高

まめちしき タイ人は生簀のあるシーフード・レストランが大好き。オープンエアの店も多く、深夜まで賑わう。生簀の魚介は時価で、100gまたは1kgあたりの値段設定。これに調理代がプラスされる。必ず値段の確認をしてから注文しよう。

サイドオーダーはコレ！定番シーフード料理

シーフード系タイ料理のなかでも、前菜やビールのつまみに合うお手軽メニューがコチラ。ほとんどの店にあり、値段もリーズナブルだ。

トート・マン・クン
エビのすり身揚げ。スイートチリソースを付けて食べる

オースワン
タイ風カキのお好み焼。玉子とたっぷりのモヤシと一緒に

ホーモック・プラー
魚のすり身の蒸し物。甘辛いカレー風味でふわふわの食感

イチオシ！

クン・メナーム・パオ
B210/100g

ミソがたっぷり詰まった川エビのグリル。酸味が利いた特製のタレにつけて食べる。写真は2尾でB1560くらい

サイアム　別冊MAP P14B3

レム・チャロン・シーフード
Laem Charoen Seafood

港から直送の新鮮素材

港町ラヨーンで1979年に創業したシーフード専門店。タイ国内に16店を展開し、その規模を生かして新鮮な魚介類をお手頃価格で提供している。大きなエビのグリルやフエダイのナンプラー風味揚げB490が名物。

1. フエダイのナンプラー風味揚げは皮もパリパリ
2. タイ皇室も来店したことがある由緒あるレストラン

1

DATA
交 BTSサイアム駅直結
住 サイアム・パラゴン（→P88）4F
☎ 0-2610-9244
時 11〜22時
休 なし E J E

サイアム　別冊MAP P12B1

ガン・バン・ペー
Kang Ban Phe

美味しいシャコを手軽に

新鮮シーフードをカジュアルな麺料理で楽しめる店。店名にもあるシャコ（ガン）を贅沢に使ったメニューが人気で、タイ風焼きそばのパッタイB249や、濃厚なトムヤムスープ麺B225など好みのスタイルで味わえる。

DATA
交 BTSプルーンチット駅から徒歩5分
住 20-20/1 Soi Ruam Rudi　☎ 0-2019-0588
時 11時30分〜21時30分　休 なし E E

イチオシ！

パッタイ・ガン・クン・プー
B249

シャコのほかにエビやカニがドンとのったぜいたくな一皿

1

1. 海鮮トムヤムの麺は細麺のセンレックがおすすめ　2. ランチタイムは地元OLたちで混雑。少し時間をずらして

ワンプレートでも満足度大

大好き！ カオマンガイ＆ガパオライス

主食としての白米のほかにも、さまざまなご飯ものメニューがあるタイ。
なかでもカオマンガイとガパオライスは近年日本でも人気急上昇中だが、本場の味は格別だ。

Khao Man Kai

カオマンガイ

鶏ガラスープで炊いたご飯に、茹でた鶏肉をのせたもので、東南アジア一帯に同じような料理がある。トロリとした黒醤油とスパイスがきいたタレで食べるのがタイスタイル。

サイアム 別冊MAP P15C2

コーアン・カオマンガイ・プラトゥーナム
Go-Ang Kaomunkai Pratunam

街を代表する有名店

東京にも支店をもつカオマンガイの名店。ジューシーな鶏肉と、鶏ダシで炊いたご飯のハーモニーが絶妙で、セットで付く鶏スープもやさしい味わい。これらがセットでB40という安さも愛され続ける理由。単品の追加オーダーもできる。

DATA 交BTSチットロム駅から徒歩15分 住Soi Petchaburi 30, New Petchaburi Rd. ☎0-2252-6325 時5時30分〜14時、17時30分〜翌2時 休なし
E E

カオマンガイ
B40

> 鶏ムネ肉を使い、ジューシーできっぱりとした味。ショウガやニンニクのきいたタレが合う

スタッフのユニフォームから地元では「ピンクのカオマンガイ」の名で知られる

海南チキンライス
B330

> うま味が凝縮された鶏が絶品。ご飯やスープも上品な味で、4種のタレで飽きることなく楽しめる

その他のタイ料理や西洋料理もひと通り味わえる

DATA 交BTSサラデーン駅から徒歩8分 住The Montien Hotel, 54 Surawong Rd. ☎0-2233-7060 時24時間営業 休なし E E

シーロム 別冊MAP P17C1

ルアントン
Ruenton

知る人ぞ知る極上カオマンガイ

老舗ホテルの地階にある24時間営業のカフェ＆レストラン。ここで隠れた名物となっているのが海南チキンライス（カオマンガイ）で、一流シェフが素材や調理法にこだわって手作りしている。カオマンガイの提供時間は11〜22時。

まめちしき カオマンガイは、中国・海南島からの移住者が伝えた料理といわれ、店によっては「海南鶏飯」、「Hainanese Chiken Rice（ハイナニーズ・チキンライス）」とメニューに表記することもある。

> バジルの香りが爽やかで辛さもしっかり。肉は鶏、豚、エビを選べる。目玉焼きと一緒に

サイアム | 別冊MAP P14A2

ジム・トンプソン・レストラン＆ワインバー
Jim Thompson Restaurant & Wine Bar

ハーブがきいた上品ガパオ

観光地として人気のジム・トンプソンの家に併設されるレストラン。ランチタイムにはガパオライスをはじめとするカジュアルなメニューが中心だが、料理のクオリティはハイクラス。ディナーは本格タイ料理がゆっくり楽しめる。

DATA 交BTSナショナルスタジアム駅から徒歩5分 住ジム・トンプソンの家（→P71）内 ☎0-2612-3601 時10〜17時（ランチ）、18〜23時（ディナー）休なし Ｅ Ｅ

ガパオライス
B220（ランチのみ）

1. トムヤムクンB240も絶品。サイドオーダーにぜひ
2. 昼はカジュアルだが、夜は少しおしゃれして

Kraprao Rice
ガパオライス

ガプラオ（ホーリーバジル）と挽き肉の炒め物をご飯に添えたもので、日本ではガパオライスとして知られる。肉は鶏（ガイ）か豚（ムー）が定番。半熟目玉焼きのトッピングが◎。

揚げ魚のガパオライス
Kao Kra Prao Pla Chon
B65

> バジルと揚げ魚の組合わせ。半熟の目玉焼B12のトッピングも忘れずに

スクンビット | 別冊MAP P18B2

ソムタム14
Somtam 14

ツーリストにも人気の食堂

BTSアソーク駅前の奥まった路地にある庶民的なイサーン食堂。外国人旅行者の姿も多く、英語が書かれた料理写真が壁一面に貼られているので指さし注文可能。

DATA
交BTSアソーク駅から徒歩2分 住Soi 14,Sukhumvit Rd. ☎0-2653-1161 時9〜14時 休土・日曜

> 甘めの味付けが特徴だが、後から辛さが。目玉焼き付きで価格もリーズナブル

ガパオライス
B60

オープンエアの食堂で、混雑時は路上にもテーブルが出る

> バジルがタップリ〜♪

クロントーイの奥まった路地にある。地元の人が足繁く通う名店

シーロム | 別冊MAP P12B4

ガプラオ・クロップ3
Kra Prao Krop 3

バラエティ豊かなガパオライス

素揚げされたバジルがたっぷり入った独特なガパオライスが評判を呼ぶカジュアルな食堂。200種類を超えるメニューを揃え、毎日ランチに通う常連客も多いとか。

DATA 交MRTクロントーイ駅から徒歩12分 住Soi Si Bamphen, Thung Maha Mek, Sathon ☎0-2672-9840 時10〜22時 休なし Ｅ Ｅ

おいしいもの

カオマンガイ＆ガパオライス

アツアツお鍋をみんなで囲もう

トッピングいろいろ♪ タイ風寄せ鍋 タイスキ

バンコクのチャイナタウンが発祥といわれるタイスキは、中国風のスープに肉や野菜、点心などの具材を入れて食べる鍋料理。タイ料理店でも食べられるが、せっかくなら専門店で。

具材1皿B30〜265。4人で約B2500が目安。サーモンやムール貝などの海鮮素材、オーストラリア産牛肉など、特選具材が揃う。

サイアム　別冊MAP P14B3

エムケー・ゴールド
MK Gold

高級志向のタイスキ専門店

タイで人気のタイスキ・チェーン「エムケー（MK）」が展開する高級店。ゴールドと赤を基調としたゴージャスな店内の、シャンデリアの下でタイスキを味わえる。新鮮なカニやエビ、牛しゃぶ肉など厳選された具材が評判。ローストなどの一品料理もあるので、ぜひ一緒に注文を。

タレはチリソース（上）やゴマダレ（下）が定番。ナンプラーや醤油なども

\サイドMENU/
ロースト・ダック（大）B410

前菜として注文する人が多い。甘めのタレがダックによく合う人気メニュー

DATA　交BTSサイアム駅直結
住サイアム・パラゴン（→P88）GF
☎0-2610-9337　時10〜22時　休なし
□日本語スタッフ　□日本語メニュー
☑英語スタッフ　☑英語メニュー　□要予約

大型ショッピングセンター内にあり、若者にも人気

まめちしき　鍋のスープが少なくなったら、注ぎ足してもらえる。タイスキの締めとしてタイ人に人気なのが「うどん」で、具から出たダシがしみて美味。そのほか、中華麺やご飯などもオーダーできる。

コカ

別冊 MAP P16B2

Coca Suki Restaurant

老舗のダブルスープで味わう

モダンなインテリアと上質の素材で、タイスキをワンランクアップさせた専門店。仕切り付きの鍋で同時に2つのスープが味わえるスタイルを取り入れ、タイスキのさらなる楽しさを提案している。

具材1皿B38～時価。4人で約B2000が目安。鶏ベースの広東風スープと四川風の激辛スープが1つの鍋に。

赤と黒を基調にしたシックな雰囲気のインテリア

DATA 交BTSサラデーン駅から徒歩10分 住8 Soi Anumarnratchathon, Surawong Rd. ☎0-2238-1137 時11時～14時30分、17～22時(日曜は11～22時) 休なし □日本語スタッフ ☑日本語メニュー ☑英語スタッフ ☑英語メニュー □要予約

テキサス・スキ

別冊 MAP P11C1

Texas Suki

伝統の味を守り続ける有名店

タイスキ発祥の地であるチャイナタウンの老舗で、発祥の味を今に伝える存在。その特徴は、中国風のスープと飲茶にも使われる点心の具材が豊富なこと。さらにリーズナブルとあって、地元でも人気の一軒。

庶民的な店ながら、味は本格派。昼には飲茶B35～もある

具材1皿B25～60。4人で約B800が目安。きれいに澄んだスープにファンが多い。具材は約70種。

DATA 交MRTワットマンコン駅から徒歩3分 住17 Texes Carpark Padundao Rd. ☎0-2223-9807 時11～23時 休なし □日本語スタッフ □日本語メニュー ☑英語スタッフ ☑英語メニュー □要予約

タイスキとは?

日本のすき焼きがその名の由来というが、日本でいう寄せ鍋に近く、中国広東地方の火鍋がルーツといわれる。具のバリエーションが多いのが特徴で、タレの味は自分で調整できるので辛さが苦手でも大丈夫。

主な具材

セットメニューではないので、1皿ずつ好きな具材を選んで注文する。

牛肉
厚めの赤身が定番だが、近年はしゃぶしゃぶ風の薄切りも

カニ
生きたカニは贅沢な具材で、爪の部分が美味。いいダシが出る

肉団子
生の豚挽き肉を使う。エビやイカを団子にしたものもある

エビ
殻付きのブラック・タイガーは高級品。むき身の小エビなどもある

空芯菜
ほんのり苦味がある野菜で、タイスキには欠かせない具の一つ

キノコ類
生のフクロ茸やヒラ茸、シメジなど。おいしいダシが出る

スープ

店によって違うが、豚骨や干し魚のダシがきいた透明なスープが定番。1種類しかない店では選べないが、辛い「麻辣湯」などスープが選べる店もある。スープ代は無料～B140ほど。

タレ

唐辛子とハーブが入ったタイ式の辛いシーフードダレが用意されているのが一般的だが、その他にチリソースやゴマダレ、ナンプラーなどもあるので、自分好みの味で楽しめる。

安い。早い。おいしい

麺王国の絶品★ヌードル よりどりみどり

タイ人は毎日必ず1回は麺を食べるという麺好き。街には専門店も多く、小腹が空いたときやランチ、夜食などにも手軽に食べられる。地元で人気の必食麺を一挙ご紹介！

汁あり麺

タイ麺の定番。独特のスープが特徴で、豚骨でとったスープをベースに、トムヤム（唐辛子とハーブ風味）やナム・トック（豚の血入り）、トゥン（五香風味）などを加える。

クイティオ・ヌア・ナーム　B 95
牛肉入りスープ麺。薄切りの牛肉は柔らかく、スパイスとハーブがきいたスープとマッチ
Ⓑ

＼一番人気／

＼カニ肉／

バーミー・ナーム・プー
B 72
豚骨と干しシイタケがベースのクリアスープに、カニ肉がたっぷり入ったスープ麺 Ⓐ

カオソーイ　B 60
チェンマイ名物のカレー・スープ麺。揚げた平たい玉子麺が使われる Ⓒ

＼北部名物／

＼定番／

クイティオ・ルア・ナム・トック　B 45
ナム・トック味のスープ麺。独特のコクがあり、風味豊かなスープがクセに。香菜もたっぷり Ⓒ

Ⓐ ミン・ヌードル
Meng Noodle

シーロム／別冊 MAP ● P17D2

おいしい店にある緑の丼マークが目印。中華麺バーミーが有名で、カニ肉のほか、焼き豚、腸詰めなどの具を選び、汁ありか汁なしかで味わう。

DATA　交BTSサラデーン駅から徒歩1分
住183 Silom Rd.　☎0-2632-0320
時9時〜21時（土・日曜は10時〜20時45分）
休なし Ⓔ

Ⓑ パラニー
Bharanii

スクンビット／別冊 MAP ● P19C1

西洋料理店のオーナーによる、オリジナル・タイ式麺の専門店。凝ったインテリアと、上質の牛肉を使った牛肉麺が評判。

DATA　交BTSアソーク駅から徒歩10分
住96/14 Soi 23, Sukhumvit Rd.
☎0-2260-1626
時10〜22時
休なし ⒷⒺ

Ⓒ クイティオ・ルーア・クン・ハーン
Kuay Tiew Rua Kuen Hang

バンコク北部／別冊 MAP ● P9C3

チェンマイ名物として知られるカオソイと、ナム・トック味のスープ麺の行列店。かなり辛いが、手作りスイーツと一緒に食べれば爽やかに。

DATA　交MRTラマ9世駅から徒歩2分
住GF Fortunetown, Rajadapisek Rd.
☎08-5821-4555
時11時30分〜19時
休なし

Ⓔ

まめちしき　具の定番は、牛肉（ヌア）や豚肉（ムー）のほか、中国風のチャーシュー（ムーデーン）、魚のすり身を団子やさつま揚げ状にしたルークチンも必須。ワンタン（ギアオ）も種類が多い。具の上の香菜（パクチー）は苦手なら取り除こう。

Check!

● 麺の種類

「クイティオ」という米粉の白い麺と、玉子を混ぜた黄色い麺「バーミー」があり、クイティオには太さによって3種類ある。

バーミー　小麦粉や米粉で作った、おなじみの中華麺。「ナムサイ」というスープが定番

センレック　細麺タイプで、タイでは最も一般的。牛肉麺などに合う

センヤイ　幅広タイプで、見た目は日本のきしめんのよう

センミー　極細ビーフンタイプ。柔らかく、そうめんに似ている

● 卓上調味料

麺料理は薄味なので、卓上調味料で自分好みに味付けするのがタイ流。

❶ 砂糖（ナムターン）
タイ人は必ず入れる。スープに溶かすとまろやかに

❷ 魚醤（ナンプラー）
もう少し塩味がほしいときに加える。風味もアップ

❸ 酢（ナムソム）
酸味で味が爽やかに。唐辛子入りの辛いものも多い

❹ 唐辛子（プリック・ポン）
赤唐辛子の粉末。辛さ調節用に、少しずつ入れる

汁なし麺

スープのない麺も一般的。辛いタレをかけて混ぜながら食べるあえ麺や中国風のあんかけ麺など、種類はさまざま。

バーミー・ヘーン　B 50
豚のモツのせ麺。唐辛子とナッツのタレを混ぜながら食べる。スープは別添えされる

＼定番／

＼個性派／

バーミー・ムー・ヘーン　B 95
豚肉のせ汁なし麺。ゆでた薄切り豚肉と、醤油ベースの甘辛いタレがしみた麺が相性抜群

＼定番／

パッタイ・ホーカイ　B120
定番のパッタイを薄い玉子焼きで包んだ人気メニュー。やさしい味わい

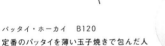

＼一番人気／

炒め麺

モチモチとした食感の米粉麺を使うのが一般的。特に、タイ風焼きそば「パッタイ」が有名。新しいメニューも続々と登場中。

パッタイ　B 165
タイ風焼きそば。エビ入りの豪華版で、もっちりした麺に甘めのタレがからんで美味

イーミー・シーファー　B 145
土鍋で太めの麺を蒸し焼きに。焼きうどん風で甘酸っぱいタレが合う

＼個性派／

D　ルン・ルアン
Rung Ruang

スクンビット／別冊 MAP ● P19C4

庶民的な麺食堂だが、高級車を乗り付けて食べに来るセレブもいるという名店。透明な豚骨スープにはコクがあり、具材の鮮度も抜群。

DATA　交BTSプロームポン駅から徒歩5分　住10/1-2 Soi 26, Sukhumvit Rd.　☎0-2258-6746　時8時30分〜17時　休なし

E　ティップサマイ
Thipsamai

王宮周辺／別冊 MAP ● P6B4

70年以上の歴史を誇る、バンコクで最も有名なパッタイ専門店。夕方からの営業で、客足は深夜まで絶えない。パッタイ B75〜。

DATA　交MRTサムヨート駅から徒歩10分　住313-315 Mahachai Rd.　☎0-2226-6666　時17時〜翌1時　休なし
E E

F　シーファー
See Fah

サイアム／別冊 MAP ● P14B3

タイを代表するカジュアルレストランチェーン。メニューは200種を超え、麺も充実している。どれも食べやすく、ハズレのない味。

DATA　交BTSサイアム駅から徒歩3分　住434,440 Siam Square Soi 9　☎0-2251-5517　時7〜23時　休なし

バンコクらしいフード体験ならココ！

手軽で楽しい 屋台街で安ウマグルメ

バンコクの大規模な屋台街は、市場の近くや繁華街の路地裏にある。
ローカルに混じって安ウマグルメを楽しんでみよう。

夜になればなるほど賑わう屋台街

サイアム 別冊 MAP P14B3 フード・プラス
Food Plus

屋根付きで快適な名所

サイアム・スクエアに集まる若者が集う屋台街。
下水道が完備されているので、衛生面も安心。
ご飯ものからスイーツまで約30店ほどが並ぶ。
1品B30〜100くらいが目安。

タイ風のチキンライス。鶏肉は柔らかく塩味もほどよい。鶏スープで炊いたご飯もおいしく、昼時は行列が。

カオマンガイ　B40

DATA　交BTSサイアム駅から徒歩2分
住Siam Square, Soi 6　時6時30分〜17時
30分　休月曜

1. 一本道のまん中にテーブルが並び、両脇に屋台が軒を連ねる　2. 入口の看板
3.4. タイ料理の惣菜がズラリと並ぶ。指をさしてオーダーすればOK

プチ情報　屋台を利用するときは衛生面に十分注意を。ウエットティッシュを持っていれば、手だけでなくカウンターやテーブルなども拭けて便利。生水は避けたほうが無難だが、ドリンクに入れられる氷も不安なら入れないように伝えよう。

屋台 How To

●会計と注文

注文はたいてい指さしでOK。注文前に金額をきちんと確認しよう。会計は料理を受け取った時に支払うのが一般的。事前に払うと、あとでトラブルの原因にも。チップは必要ない。

●注意点

衛生面では、特に魚介類や肉類を調理してもらう場合は、必ずよく火をとおしてもらうこと。出された水ではなく、ペットボトルのミネラルウォーターや缶入りのジュースを注文したほうが無難。

シーロム 別冊MAP P12A2

ルンピニ公園屋台街
Lumpini Park Street Food

朝も屋台からスタート!

バンコク市内で最も広いルンピニ公園。公園の外周に屋台が並び通勤前の人たちが利用をしている。太極拳やジョギングを楽しんだ後の地元の人たちで早朝から賑わっている。

DATA 交BTSラチャダムリ駅から徒歩8分 住Ratchadamri Rd. 時6時～9時30分ごろ 休月曜

1.2.ジュースやお粥、麺など朝食屋台が並ぶ 3.トースト1枚B10

> バンコクの朝食の定番、お粥。日本のとは異なり、米粒がほとんど残らないほど煮込んだもの。

チャイナタウン 別冊MAP P10B1

ヤワラート通り
Yaowarat Rd.

B級グルメが勢揃い!

チャイナタウンのメインストリート、ヤワラート通りとその周辺は、夕方から屋台街に変身。食事系からデザート系まで揃い、食べ歩きが楽しい。

> 台湾の伝統スイーツ、豆花。ピリッとしたショウガスープと揚げパンは相性バツグン

DATA 交MRTワットマンコン駅から徒歩3分 住Yaowarat Rd. 時18～24時頃 休月曜

豆花入りショウガスープ B25

早めの時間ならフルーツの屋台がたくさん

カオサン 別冊MAP P21C1

カオサン通り
Khaonsan Rd.

ネオンきらめく屋台街に

「バックパッカーの聖地」ともいわれるカオサン通り。夜になるとネオンが灯り、屋台が続々と現れ、お祭り騒ぎのような賑わいになる。

DATA 交MRTサムヨート駅から車で10分 住Khao San Rd. 時18～24時頃 休月曜

> カオサン通りの屋台といえばパッタイが定番

お菓子やパンを売る屋台などもある

タイ料理初心者の強い味方

ローカルフードの宝庫！
安心・キレイなフードコート

屋台でおなじみのローカルフードを気軽に味わえるのが、ショッピングセンターなどにある
フードコート。人気メニューが揃い、明朗会計で清潔。ひとりごはんにもぴったり！

スクンビット 別冊 MAP P18B2

広いフロアなので、少し待てば
席は見つかる

サイアム 別冊 MAP P15C2

麺、ご飯、炒め物など
バラエティ豊富

ピア21フード・ターミナル
Pier 21 Food Terminal

おしゃれなインテリアに注目
タイ料理を中心とした豊富なメニューで、終日混み
合うが、訪れてみる価値アリ。広いフロアの中央に
キッチン・ブースが集まる。プリペイドカード式。

DATA 交BTSアソーク駅、
MRTスクンビット駅直結
住ターミナル21（→P64）5F
☎0-2108-0888（代）
時10〜22時 休なし
E E

ビーフ・ヌードル B45
柔らかく煮込まれた牛肉×
クイティオは黄金メニュー

人気No1

人気No2

ロースト ダック B35
甘めのタレで味付けら
れたダックがジューシ
ー。ご飯とよく合う

人気No3

オースアン B85
新鮮なカキがたっぷり入った
魚介料理。甘辛いあんが特徴

プラチナム・ファッション・
モール・フード・センター
Platinum Fashion Mall Food Centre

女子好みのメニューがいっぱい
地元女子御用達のモール内にある。明るくカジュ
アルな雰囲気で、リーズナブルなメニューが揃う。ス
イーツコーナーが充実。プリペイドカード式。

DATA 交BTSチット
ロム駅から徒歩15分
住プラチナム・ファッシ
ョン・モール（→P65）
5F ☎0-2121-8000
（代）時9〜20時
休なし E E

豚肉入りあんかけ揚げ麺 B70
名物ともいえる人気麺料理。
バリバリ麺が美味

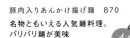
人気No1

人気No2

おかずのせご飯 B65〜
（目玉焼きB10＋おかず2種類
＆ライスB55〜）
いわゆる定食。好きな惣菜と
目玉焼をのせるのが定番

人気No3

タピオカ入り
ココナッツミルク B35
タイの女性の大好物。色とり
どりのタピオカの食感と甘さ
がいい

プチ情報 「セントラル・チットロム」（→ P89）などの有名デパートやエンポリアム（→ P90）などのショッピングセンター、大型スーパー
にもフードコートがあり、買物の合間の利用に便利。

フードコート利用法

利用の手順

セルフサービス式となる。
①入口付近の窓口で現金を
クーポンに換える。②オープ
ンキッチンのブースで注文す
る。③料理ができあがったら、
自分で取ってクーポンを渡し、
テーブルへ。④余ったクーポ
ンを窓口で払い戻す。

窓口で行列になることも
しばしば

クーポン式とカード式

クーポン式も残っているが、最近はプリペイドカード
や記録カードなどが主流。プリペイドカードの場合
は、窓口で金額をチャージしたカードを受け取り、
ブースで注文する際に渡せばOK。料
理代を差し引いて返してくれる。記録
カードは入口でカードを受け取り、カー
ドに金額を記録して出口で精算する。

チャージ式のプリペイドカード

サイアム　別冊MAP P14A3　同じ建物内に2つのフード
コートがある

MBKフード・アイランド
MBK Food Island

本格的なタイ料理が味わえる

安くておいしいと評判のローカルに人気のタイ料理
店が集まるフードコート。外国人向けのアレンジの
ない、本場の味を体験できる。プリペイドカード式。

DATA　交BTSナ
ショナルスタジアム駅
直結　住MBK Center,
444 Phayathai Rd.
6F　☎0-2853-9000
時10時〜21時30分
休なし
🄖🄔

人気No1

カオ・カー・ムー　B70
ご飯に豚の角煮をのせたもの。ト
ッピングの味付け玉子はプラスB10

人気No2

ソムタム・タイ　B60
タイの定番、青パパイヤのサラ
ダ。トウガラシは1本がおすすめ

カオニャオ・マムアン
B100

マンゴーは爽やかな甘さと
酸味が甘いもち米と好相性

人気No3

サイアム　別冊MAP P15C3　モダンなインテリアが
好評

ビッグCフード・パーク
Big C Food Park

巨大スーパーのフードコート

パークという名前のとおり、緑を基調とした居心地
のいい空間。料理はごはんものや麺などがブースご
とに分かれていて選びやすい。プリペイドカード式。

DATA　交BTSチットロ
ム駅から徒歩5分　住ビ
ッグCスーパーセンター
（→P77）4F　☎0-2250-
4888　時9時〜21時
30分　休なし
🄔

人気No1

トムヤムクン・ヌードル　B150
殻付きのエビとハーブの香
り豊かなスープに米粉麺が
入っている。辛さは中程度

人気No2

タイ風スイーツヌードル
B30

ココナッツミルクに「サリ
ム」というタイ風トコロテ
ンが入った甘いデザート

人気No3

トムヤムクン・チャーハン　B60
トムヤムクン味はチャーハンに
も最適。辛さは抑えめで、エビ
のうま味あり

伝統の味を受け継ぐとっておきの店

名店で味わう
プレミアムなタイ料理

王宮で育まれてきた宮廷料理をはじめ、バンコクでも名店の筆頭に挙がる5軒を厳選紹介。
スパイスやハーブの香り豊かな、とっておきメニューを召しあがれ。

シーロム	別冊 MAP P16A4

ブッサラカム
Bussaracum

洋館で味わう美しい宮廷料理

宮廷料理の伝統を今に伝える老舗レストラン。築100年以上という木造2階建ての洋館を改装した店内で、ゆっくり食事を楽しめる。宮廷名菜の数々は、モダンな器や盛り付けにするなど現代風に配慮されている。

DATA 交BTSスラサック駅から徒歩4分
住1 Sri Wiang Rd.,Sathorn Rd. ☎0-2630-2216
時11〜14時、17時30分〜22時30分 休なし
□日本語スタッフ ☑日本語メニュー
☑英語スタッフ ☑英語メニュー ☑要予約

1. シックな雰囲気の1階ダイニング　2. 大通りから入った静かな路地に、白亜の建物が立つ

❶ 揚げビーフンや鶏肉の焼売など前菜の盛合せ B200(1人前)〜
❷ マッサマン・カレー B290。あぶりピーナッツと鶏肉、ジャガイモ入り
❸ タロ芋とカボチャ入りココナッツミルク B80
❹ カレーに添えられるロティ B40

宮廷の味を基本としています。辛くないので外国人の方にもおすすめですよ。(シェフのルングさん)

プチ情報　タイの宮廷料理は、18世紀のラマ1世に始まるバンコクの王宮で発展したもの。厳選した食材を使い、辛さを抑えた上品な味わいとカービング（野菜などの飾り彫り）などによる芸術的な盛り付けが特徴。

ブルー・エレファント

シーロム　別冊MAP P16A4

Blue Elephant

タイ料理のおいしさを世界に発信

パリやロンドンにも支店を展開する国際的なタイ料理の名店。伝統的なタイ料理に西洋のエッセンスを加え、欧米人にもハーブやスパイスの味が楽しめるよう創作されたメニューが評判。セットメニューはB1950〜。

DATA　交BTSスラサック駅から徒歩1分　住233 South Sarthorn Rd.　☎0-2673-9353　時11時30分〜14時30分、18時〜22時30分　休なし
□日本語スタッフ　□日本語メニュー
☑英語スタッフ　☑英語メニュー
☑要予約

木造の洋館を改装した一軒家レストラン

❶牛ホホ肉カレーB780。後から辛さがじわじわやってくる
❷川エビのグリルB780。柑橘系のドレッシングが爽やか

トンロー　別冊MAP P20A1

パーム・キュイジーヌ

Palm Cuisine

ヘルシーで繊細な味のタイ料理

2010年のオープン以来、注目を集めているタイ料理店。オーガニックに徹し、調味料を含めてすべて手作りするというこだわりと、伝統を守りながらモダンにアレンジされた繊細な味が人気。

前庭の緑が鮮やかなダイニング

❶甘みが凝縮されたカニのカレー炒めB480
❷グリーン・カレーのタイ風そうめん添えB220

DATA　交BTSトンロー駅から車で7分　住552/2 Thonglo Soi 16, Sukhumvit 55 Rd.　☎0-2391-3254　時11〜22時　休なし
□日本語スタッフ　□日本語メニュー
☑英語スタッフ　☑英語メニュー　☑要予約

トンロー　別冊MAP P20A3

バーン・カニタ@53

Baan Khanitha @53

有名レストランの支店

バンコクを代表する高級タイ料理店で、オーナーはタイシルクの服飾デザイナー、カニタ・アクラニティクン氏。本店(別冊MAP/P19C1)に比べ、モダンで洗練された雰囲気。

大エビ焼きとソムタムB790

DATA　交BTSトンロー駅から徒歩5分　住31 Soi Sukhumvit 53　☎0-2259-8530〜1　時11〜23時　休なし
□日本語スタッフ　□日本語メニュー
☑英語スタッフ　☑英語メニュー　□要予約

シーロム　別冊MAP P16B2

マンゴー・ツリー

Mango Tree

カジュアルな人気店

東京をはじめ世界各地に多くの支店をもつ。「カジュアル・ダイニング」をコンセプトとし、リーズナブルな定番タイ料理が勢揃い。調味料を含めて、手作りにこだわったオリジナルな味が評判。

鶏肉の葉っぱ包み焼きB250

DATA　交BTSサラデーン駅から徒歩10分　住37 Soi Thantawan, Surawongse Rd.　☎0-2236-2820　時11時30分〜24時　休なし
□日本語スタッフ　☑日本語メニュー
☑英語スタッフ　☑英語メニュー　☑要予約

日本よりコスパ抜群！

ラグジュアリー・ホテルで ブッフェランチ

バンコクでは、ラグジュアリー・ホテルのブッフェランチが狙い目。タイ料理やシーフード、デザートなどを好きなだけ味わえて、日本よりも断然おトク！ちょっぴり優雅に楽しもう。

スクンビット ／ 別冊MAP P18B2

●H シェラトン・グランデ・スクンビット

オーキッド・カフェ
Orchid Café

モダンに調理した世界の味が集合

大きな窓から陽光が差し込む明るいレストランで、ブッフェのクオリティは市内屈指と評判。タイ、インド、イタリアなど各国のシェフが作る料理はどれも本場の味。中東や韓国など、月替わりで登場する各国料理も楽しみ！

DATA 交BTSアソーク駅直結 住Hシェラトン・グランデ・スクンビット（→P113）LF ☎0-2649-8355（代）時5時30分～10時30分、12時～14時30分、18時～22時30分 休なし E E

シェフがカットする肉料理も人気！

人気ブッフェなので予約がベター

ウィークデイ・ランチ・ブッフェ
Weekday Lunch Buffet
時月～土曜12時～14時30分 料B 1200（1人）
※夜ブッフェは1人B 1600（金～日曜B 1950）

前菜

6種のドレッシングが揃うサラダ、タイのスープやさつま揚げ、ハム類のほか、点心や刺身なども。

マヨネーズ風味のスモークチキン・サラダ。燻製の香ばしい香りが食欲をそそる

新鮮なムール貝を使ったサラダ。トマトやケッパーなどがアクセント

メイン

インドカレー、イタリアのパスタ、プライムリブなど塊肉を豪快に焼きあげるグリル料理も必食。

タイ人シェフ特製のグリーンチキンなどの具もたっぷり

その場でカットしてくれるプライムリブ。柔らかくてジューシー

デザート

パティシエ特製のケーキのほか、タイの伝統菓子、フレッシュなトロピカルフルーツなどが充実している

米粉やココナッツなどを使ったタイの伝統菓子「カノム」。形もキュート！

タイデザートの定番、マンゴーと甘いもち米。ココナッツミルクをかけて

プチ情報 タイのブッフェではドリンクは料金に含まれず、別注文がほとんど。飲み放題プランを用意する店がある。例えば、上記「オーキッド・カフェ」では、ソフトドリンクがB 250の、ワインがB 1500の追加料金で飲み放題になる。

Check! 日曜限定のサンデーブランチ

デザートは
約20種

シーロム ／ 別冊 MAP P17D3

🅷 スコータイ
コロネード
Colonnade

日曜12〜15時に開催されるブッフェで、バンコクの名所ともいえるほど有名。新鮮なオイスターやロブスターをはじめ、和牛やフォアグラなど高級食材を楽しめる。1人B3000。

DATA 🚇BTSサラデーン駅から徒歩15分 🏠🅷スコータイ(→P111) LF ☎0-2344-8888 🕐6時30分〜10時30分、12時〜14時30分(日曜は〜15時) 🈳土曜のランチ Ⓔ Ⓔ

寿司などの日本料理、タイ料理、グリルなども並ぶ。予約がベター

サーモン＆ウナギ
のロール寿司

ランチ・ブッフェ
Lunch Buffet
🕐月〜土曜11時30分〜14時30分 💰B1200(1人)

柔らかいBBQポークリブ。特製ソースも美味

ショコラムース、ピスタチオムースなど

1.香港シェフが作る本場の点心も人気　2.インドカレーも本格的　3.リバーサイドのテラス席が狙い目

シーロム ／ 別冊 MAP P11C3

🅷 シャングリ・ラ
ネクスト・ツー・カフェ
Next2 Café

"ベスト・ブッフェ"に多く選出

バンコクのグルメ誌で2009年以来毎年、「ベスト・ブッフェ・レストラン」に選ばれる実力派。アジア各国、インド、中東、イタリアなどの料理が揃い、どれも洗練された味。「ヘルシー」がテーマなのもうれしい。

DATA 🚇BTSサパーンタクシン駅から徒歩1分 🏠🅷シャングリ・ラ(→P111)GF ☎0-2236-7777(代) 🕐6時30分〜24時 🈳なし Ⓔ Ⓔ

スクンビット ／ 別冊 MAP P18B2

🅷 ウェスティン・グランデ・スクンビット
シーズナル・テイスト
Seasonal Tastes

できたての手作り料理が勢揃い

吹抜けの店内は、活気あるオープンキッチンが印象的。窯焼きのピザやタイ料理、和食などアラカルトでも提供する料理も並ぶのが魅力！冷たい鉄板で仕上げるアイスクリームなどもぜひ。

ウィークデイ・ランチ・ブッフェ
Weekday Lunch Buffet
🕐月〜土曜12時〜14時30分 💰B950(1人)

窯焼きピザは生地から丁寧に手作り

名物料理の1つ、サーモンのグリル

エビ、ムール貝、サラダなどの冷菜も

DATA 🚇BTSアソーク駅から徒歩1分 🏠🅷ウェスティン・グランデ・スクンビット(→P113)7F ☎0-2207-8120 🕐6時〜22時30分 🈳なし Ⓔ Ⓔ

1.南国フルーツなどのデザートも豊富　2.白基調のモダンなインテリア

ピザは焼きたてをお出ししますよ！

おいしいお茶とスイーツでひと息
一流ホテルで楽しむ 優雅なアフタヌーンティー

日本よりリーズナブルに、優雅な午後のひとときを過ごせる高級ホテルのアフタヌーンティー。
伝統的なスタイルからモダンにアレンジされたものまで、ホテルごとにさまざま。

トラディショナル・アフタヌーンティー
Traditional Afternoon Tea
🕐毎日12〜18時（30日前までに要予約）
🉐B1500〜（1人分）

パイナップルのマカロン、ラズベリーとカラメルのエクレア、チョコレートサブレなどパティシエ自慢のケーキ

アスパラとトマトゼリーのサンド。ハチミツを塗ったハムとチーズのロールサンド、キュウリとクリームチーズのパンなど

プレーンとレーズンの2種類のスコーンなど焼き菓子が並ぶ。季節の自家製ジャムとクロテッドクリームも付く

約20種ある紅茶はシンガポールの「TWG」。ホテルのための特別ブレンドもある。笹の葉が描かれたオリジナルのティーセットは、ショップ（→P110）で購入できる

シーロム　別冊MAP P11C3

●Ⓗマンダリン オリエンタル
オーサーズ・ラウンジ
The Author's Lounge

バンコク屈指の格式を誇るラウンジ
数々の名作家や著名人が足を運んだことで有名なラウンジ。創業時の建物「オーサーズ・ウィング」にあり、かつてロビーだったコロニアル調の美しい空間で、3段トレーにのせられた、伝統的な英国スタイルのアフタヌーンティーを楽しめる。

DATA　交BTSサパーンタクシン駅から徒歩15分　住Ⓗマンダリン オリエンタル（→P110）LF　☎0-2659-9000（代）　時12〜18時　休なし Ⓔ Ⓔ

プチ情報　「オーサーズ・ラウンジ」には、アジアのスナックなどを楽しめる「オリエンタル」、玉子や肉類を使わない「ヴィーガン」のアフタヌーンティーも用意されている。料金、時間はいずれもB1500〜2200、毎日12〜18時。

Check! チョコレート・ブッフェもあります

1. 甘くないサンドイッチやハム類、フルーツなども並ぶ
2. エレガントな空間でティータイムを満喫

シーロム｜別冊 MAP P17D3

● H スコータイ

ロビー・サロン
Lobby Salons

チョコ好きにはたまらないのが14〜17時開催の「チョコレート・ブッフェ」B990(金〜日曜日の開催)。スイス人のパティシエが作るチョコスイーツ23種のほか、世界各国のカカオを使ったホットチョコレートを味わえる。

- -

DATA 交BTSサラデーン駅から徒歩15分 住Hスコータイ(→P111) LF ☎0-2344-8888(代) 時8〜21時 休なし E E

アフタヌーンティー・セット
Afternoon Tea Sets
時毎日14〜18時
料B1888(2人分)

1. デザート7種、サンドイッチ類6種と満足のボリューム 2. 大きな窓が開放的 3. 紅茶はマリアージュフレール

チャオプラヤー川西岸｜別冊 MAP P10B3

● H ペニンシュラ

ザ・ロビー
The Lobby

目の前にチャオプラヤー川が見渡せる絶好のロケーション。フランス人シェフが手がけるケーキやサンドイッチなどは繊細な味わい。

- - - - - - - - - - - - - - - - -

DATA 交BTSサパーンタクシン駅前のサートーン船着場から専用ボートで2分 住Hペニンシュラ(→P111) LF ☎0-2020-2888(代) 時6時30分〜24時 休なし E E

ゴールデン・バードケージ・アフタヌーンティー・セット
Golden Birdcage Afternoon Tea Set
時毎日14〜18時
料B1198(1〜2人分)

1. リップスティック型のチョコなどユニークなスイーツも 2. 全面ガラス張り 3. 紅茶はスリランカの「Zesta」

シーロム｜別冊 MAP P11C3

● H シャングリ・ラ

ロビー・ラウンジ
Lobby Lounge

大きな窓からチャオプラヤー川を望めるラウンジ。オーストリアで修業したショコラティエが手がける、チョコ尽くしの「チョコレート・ブティック・アフタヌーンティー」が人気。

- - - - - - - - - - - - - - - - -

DATA 交BTSサパーンタクシン駅から徒歩1分 住Hシャングリ・ラ(→P111) LF ☎0-2236-7777(代) 時8時〜翌1時 休なし E J E

アフタヌーンティー
Afternoon Tea
時平日14〜18時
料B1000(1人分)

1.2. インド人パティシエ特製。タイ名物のオレンジ色の紅茶を使ったケーキなど。お茶は約30種 3. エレガントな空間

サイアム｜別冊 MAP P15C4

● H アナンタラ・サイアム

ザ・ロビー
The Lobby

シルクパネルの天井が美しいラウンジ。繊細なスイーツは、バンコクでも屈指の味と評判。土・日曜のアフタヌーンティー・ブッフェB1118も大人気。

- - - - - - - - - - - - - - - - -

DATA 交BTSラチャダムリ駅から徒歩2分 住Hアナンタラ・サイアム(→P112) LF ☎0-2126-8866(代) 時8時〜翌1時 休なし E E

雰囲気も味も◎
オシャレカフェで
ほっとひと息

最近、バンコクには個性あふれるカフェが続々と出現中！東西を融合したスタイリッシュなインテリアの中、タイの素材を使ったフードや自家焙煎のコーヒーでひと休みを。

1. バゲットサンドなどおしゃれなカフェ飯が人気
2. 「カルマカメット」のショップも併設。
アロマキャンドルB900〜
3. 昔のタイ家屋をNYスタイルに改装

| スクンビット | 別冊MAP P19C3 | カルマカメット・ダイナー Karmakamet Diner |

爽やかな香り漂う路地裏の隠れ家

アロマグッズ専門店「カルマカメット」(→P25) が経営。タイ産の有機野菜や卵を使ったメニューは各国のテイストを融合した個性派揃い。凝ったテーブルウエアにも注目！

DATA 交BTSプロームポン駅から徒歩3分 住30/1 Soi Metheenivet ☎0-2262-0700 時10時〜23時30分（ショップは〜22時）休なし Ｅ Ｅ

| トンロー | 別冊MAP P20A3 | ブルー・ダイ・カフェ Blue Dye Cafe |

ゆったりとした雰囲気が魅力

写真家のオーナーが好きなものを集めて作り上げた、住宅街にたたずむ一軒家カフェ。ランチにちょうどいいカフェ飯が揃っている。おすすめはパスタB220やタイ産のクラフトビールなど。

DATA 交BTSトンロー駅から徒歩5分 住40/1 Sukhumvit 36, Soi Napha Sap 1 ☎094-156-6166 時9〜20時（日・月曜は〜18時）休なし Ｅ Ｅ

1. 店内では古着や本も販売 2. タイ風パスタがおすすめ 3. コーヒーB90〜などドリンクも充実

プチ情報 今、バンコクはコーヒーが人気。タイ産などの豆を使った自家ブレンド、自家焙煎の豆を持ち帰りできるところもあるので、おみやげにいかが？ また、主なカフェではWi-Fiも無料で利用できる。パスワードはスタッフに聞こう。

ロースト
Roast

スクンビット　別冊 MAP P19C3

自家焙煎コーヒーのおいしさが評判

バンコクのコーヒーブームを作った先駆け的存在。タイや各国の豆を専属ロースターが焙煎したコーヒーは深い味わい。スイーツや軽食のほか、パスタや肉・魚料理も充実し、1日中賑わう。

1. ガラス張りの明るい店内
2. コーヒー・ラテB100。アイスラテはB120

DATA ㊤BTSプロームポン駅から徒歩1分 ㊌エムクオーティエ（→P91）ヘリックス・クオーター1F ☎0-94176-3870 ㊟10〜22時 ㊡なし ⒼⒺ

クレープス＆コー
Crêpes & Co.

サイアム　別冊 MAP P12A1

約20種の特製クレープを

1996年オープンのバンコク初のクレープ専門カフェ。スイーツ系、食事系ともにさまざまな味が揃う。少量の米粉をブレンドし、ノンオイルで焼く生地は中はしっとり、表面はパリパリ。

DATA ㊤BTSチットロム駅から徒歩10分 ㊌59/4 Soi Langsuan, (Lang Suan Soi 1) ☎0-2015-3388 ㊟9〜23時（日曜は8時〜）㊡なし ⒼⒺ

1. サラダやパスタ、朝食など食事メニューも豊富
2. バナナ・ベイリーB295
3. 閑静な住宅街の路地に立つ店

カフェ・ナイン
Cafe 9

シーロム　別冊 MAP P17C1

あの超有名シルク店が手がける穴場の1軒

高級タイシルクの老舗、ジム・トンプソン本店（→P70）の2階にあり、マンゴーやココナッツを使った自家製のスイーツが人気。ショッピングの合間のひと休みにぴったり。

DATA ㊤BTSサラデーン駅、MRTシーロム駅から徒歩3分 ㊌ジム・トンプソン本店（→P70）2F ☎0-2632-8100（代）㊟9〜21時 ㊡なし ⒼⒺ

1. 竹などを使った店内はオリエンタルな趣
2. ココナッツアイスクリームB150
3. 各種スムージーB170が人気

キラキラの絶景に感動

バンコクNightは
ルーフトップ・バーから!

夕食の後に出かけたいのが、バンコク市街やチャオプラヤー川を見下ろす眺望抜群の
ルーフトップ・バー。気軽な一杯もOKなので、夜風に吹かれながら、南国の夜を楽しんで。

円形のバーカウンターが光る最上階の49階

トンロー	別冊 MAP P20A3

オクターヴ・ルーフトップ・ラウンジ&バー
Octave Rooftop Lounge & Bar

カジュアルに楽しめる絶景バー

3フロア全てがオープンエア席で、入りやすい雰
囲気が魅力。特に最上階の49階からはスクンビ
ット通りなどを360度見渡せ、息を呑むほどの美
しさ!アジアンタパスと特製カクテルで乾杯を。

1. オリジナルのカクテルはB410〜 2. 南国らしいカラフルなカクテルが気分

3. チャオプラヤー川なども見渡せる 4. タイのフルーツなどを使った特製カクテルが自慢 5. フードも充実している

DATA　交BTSトンロー駅から徒歩3分　住45F,47-49F
Bangkok Marriott Hotel Sukhumvit, 2 Sukhumvit Rd. Soi 57
☎0-2797-0140　時17時〜翌2時　休なし Ⓔ Ⓔ

シーロム	別冊 MAP P12A3

パーク・ソサイエティ &ハイ - ソー
Park Society & Hi-So

緑のオアシスと市街が眼下に

ガラス張りの屋内レストラン「パーク・ソサイエティ」、
テラスバー「ハイ・ソー」の2店が同居。ルンピニ公
園を見下ろす希少なスポットで、幻想的な雰囲気
に包まれている。フュージョン料理も定評アリ。

DATA　交MRTルンピニ駅から徒歩2
分　住29F HSofitel So Bangkok, 2
North Sathorn Rd.　☎0-2624-0000
時17時〜翌1時(レストランは18〜23時)
休なし Ⓔ Ⓔ

1.2. シグネチャーカクテルはB350〜400
3. クリスチャン・ラクロワがデザインした制服に身を包むバーテンダー

カバナなどもあり、スタイリッシュな雰囲気

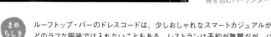

まめちしき　ルーフトップ・バーのドレスコードは、少しおしゃれなスマートカジュアルが基本。ビーチサンダルや短パン、ジーンズなどのラフな服装では入れないこともある。レストランは予約が無難だが、バーはなくても入店可。チャージも不要。

1

サイアム　別冊MAP P15C3　レッド・スカイ
Red Sky

市街中心部から夜景を一望

高層ビルが立ち並ぶ賑やかなサイアム地区に位置し、360度見渡せる夜景は圧巻！55階はスタイリッシュなモダン・ヨーロピアン料理のダイニング、56階はバーになっている。ノースリーブ、サンダル、短パン不可なので注意。

1.さまざまに色を変えるアーチがシンボル　2.レッド・スカイオリジナルカクテルが多い　3.パッションフルーツ・マティーニB590　4.フードメニューも充実している

2　3

4

DATA　交BTSチットロム駅から徒歩5分　住55～56F HCentara Grand at Central World, 999/99 Rama I Rd.　☎0-2100-6255　時16時～翌1時（レストランは11時30分～）　休なし E E

シーロム　別冊MAP P11C3　シロッコ＆スカイ・バー
Sirocco&Sky Bar

縦書き：「シロッコ」の先端に「スカイ・バー」があり、天空に浮いているよう！

バンコク指折りの名所バー

地上247mの高さから市街とチャオプラヤー川の全景を一望。「シロッコ」はヨーロピアン料理のレストラン。気軽な一杯なら、「スカイ・バー」へ。

フォアグラのプレートが人気。
アルコールはB500前後～

DATA　交BTSサパーンタクシン駅から徒歩7分　住63F HLebua at State Tower, 1055 Silom Rd.　☎0-2624-9555　時18時～翌1時　休なし E E

シーロム　別冊MAP P17D3　ヴァーティゴ＆ムーン・バー
Vertigo&Moon Bar

ルーフトップバー先駆け的存在

360度遮るものがないテラス席は、まるで光の海に浮かんでいるよう！フレンチをベースとした独創的なフュージョン料理やオリジナルカクテルを。

DATA　交BTSサラデーン駅、MRTシーロム駅から徒歩15分　住H バンヤン・ツリー（→P113）61F　☎0-2679-1200（代）　時17時～翌1時（レストランは18時～22時30分）　休なし E E

1.空の色が刻々と変わってゆくサンセットの時間もおすすめ
2.本格的なディナーも楽しめる

2

バンコクっ子御用達スポットへご案内

オトナな女子向け
高感度バー＆ラウンジ

夜遊び好きなバンコクの若者たちが、おしゃれして出かけるスタイリッシュなバー＆ラウンジ。トロピカル・フルーツを使ったカクテルを片手に、南国の夜を楽しもう。

スクンビット / **別冊 MAP P12B1**
ハバナ・ソシアル
Havana Social

キューバのレトロ感がおしゃれ
作家ヘミングウェイが暮らした1940年代のハバナの社交場の雰囲気を再現したバー。ラム酒を使ったオリジナルカクテルが楽しめる。フードメニューはキューバ風サンドイッチB280のみ。

DATA 交BTSナーナー駅から徒歩10分
住Sukhumvit 11 Rd. ☎0-2061-5344
時18時〜翌2時 休なし E E

金・土曜の22時から
生バンドの演奏もあります

1．ヴィンテージ調のインテリアはレトロ感満載 2．入口は通りの奥まったところにある 3．ラムとブランデーベースのBetween the Sheets B340

スクンビット / **別冊 MAP P19D4**
ワイン・コネクション
Wine Connection

バンコクを代表するワインバー
最近のバンコクのワインブームを牽引する有名店。ワインがリーズナブルで、料理がおいしいことから、レストラン＆バーコーナーは連日超満員。ワインショップとデリも併設している。

DATA 交BTSプロームポン駅から徒歩10分 住1F. Rain Hill, 777 Sukhumvit Rd., Soi 47 ☎0-2261-7217 時11時〜翌1時 休なし E E

1．ワインセラーを囲むようにテーブルが並ぶ。天井のオブジェもユニーク 2．店の中央にあるワインセラー。グラスワインが100種類以上あり、B100〜。ボトルB490〜 3．小皿に盛られたタパスはどれも1皿B140。ムール貝のトマト煮やエビの串焼きなど

まめちしき クラブや高級バーでは、入口でID（身分証）チェックが行われる場合がある。また、ビーチサンダルや短パンなどラフ過ぎる服装だと入店を断られる場合もあるので注意。

Check!

禁酒タイムと禁酒日に注意

日本同様、タイでも飲酒は20歳から。酒類の販売には制限があり（P76欄外参照）、バーやレストランなども多くはお酒が飲めるのは11〜14時、17〜24時のみ。仏教の祝日など、年に数日ある禁酒日にはバーや酒場は休業となり、旅行者はホテルの室内で飲酒したほうがよい。

サイアム　別冊MAP P15D4

アップ＆アバヴ・レストラン＆バー
Up & Above Restaurant & Bar

市街を望むテラスで夜景を堪能

2012年にオープンした日系ホテルのオールデイ・ダイニング。バンコク市街を見下ろす地上24階にあり、すばらしい夜景を楽しめる。タイ料理をはじめ各国料理、カクテル類も豊富に揃う。

DATA　交BTSプルーンチット駅直結　住Hオークラ・プレステージ・バンコク（→P111） 24F ☎0-2687-9000（代）時7時〜翌1時　休なし E E

1．夜はオープンエアのテラス席がおすすめ
2．ホテル内ダイニングとあって、落ち着いたムードが漂う
3．サクラマティーニ B450 などが人気

スクンビット　別冊MAP P12B1

ネスト
Nest

巣にのんびりこもって乾杯

ブティックホテルの屋上にあり、都会の巣（ネスト）をイメージしたユニークなインテリア。砂地の上に置かれた巣ごもりカゴやベッドなど、くつろぎのスペースが各所に。料理は洗練されたフュージョン・タイ風。

DATA　交BTSナーナー駅から徒歩8分　住Rooftop Le Fenix Hotel, 33/33 Sukhumvit Soi 11 ☎0-2255-0638 時17時〜翌2時　休なし E E

1．開放的なオープンエアで、夜風が心地いい　2．唐辛子入りで少しスパイシーなマンゴー・マルガリータ B300

スクンビット　別冊MAP P18B2

ロング・テーブル
Long Table

高層ビルのスタイリッシュ店

洗練されたモダン・タイ料理が評判。店内は全長24mの長いテーブルとそれを囲む白いソファが配され、異空間を演出している。バンコクの夜景が一望できるオープンエアのテラス席や、バーなども人気。

DATA　交BTSアソーク駅から徒歩7分　住Column Tower 25F 48 Sukhumvit Soi 16 ☎0-2302-2557〜9 時17時〜翌2時（ラストオーダー22時45分）　休月曜 E E

1．店名どおりの長いテーブルが店内に。アルコールも豊富に揃う　2．牛肉をスパイスやハーブで味付けした牛肉のサラダ B590

バンコクならではの夜景を満喫
リバーサイドの
おすすめレストラン

チャオプラヤー川沿いに位置する夜景自慢のレストランをピックアップ！ライトアップされた寺院や王宮、モダンなデザインの橋などそれぞれに魅力的な風景を楽しめる。

王宮周辺　別冊MAP P21C3　### デック
The Deck

ワット・アルンが目の前に

チャオプラヤー川の東岸に位置し、ライトアップされたワット・アルンを川向いから望むことができる人気スポット。特等席は2階のテラスで、人気が高いので早めの予約がおすすめ。

DATA　交MRTサナームチャイ駅から徒歩5分　住36-38 Soi Pratoo Nok Yoong, Maharat Rd.　☎0-2221-9158 時11～22時（金～日曜は～23時）。4Fのバーは17～24時（金～日曜は～翌1時）　休なし　要予約
BJE
1.2階のテラス席。3階にはバーもあり、そこからもワット・アルンが見られる　2.ザボンのサラダとエビのカクテルB255　3.シーフード・スパゲッティB315

王宮周辺　別冊MAP P20B2　### スパトラー・リバー・ハウス
Supatra River House

王宮を見ながら極上ディナー

対岸に王宮を望めるテラスで、元宮廷料理人が手がける本格的タイ料理が味わえる。女性の権利確立に取り組み、国民的に慕われる故スパトラー女史の邸宅を改装した建物も雰囲気満点。

DATA　交マハラート船着場（別冊MAP/P20B2）から無料送迎ボートで3分　住266 Soi Wat Rakhang Arunamarin Rd.　☎0-2411-0305　時11～23時　休なし　要予約 E
1.キャンドルが灯るロマンティックなテラス席。金・土曜はタイ舞踊も上演　2.上品な味付けのタイ料理が好評

王宮周辺　別冊MAP P6A2　### キンロム・チョム・サパーン
Khinlom Chom Sa-Phan

橋を眺めながらシーフードを

チャオプラヤー川に架かるラマ8世橋のたもとにあるシーフード・レストラン。「風を食べる、橋を見る」という店名のとおり、橋の眺望がすばらしい。足を延ばしてみる価値あり。

DATA　交MRTサナームチャイ駅から車で10分　住11/6 Samsan Soi 3, Samsan Rd.　☎081-893-5552 時11～24時　休なし　要予約 GE
1.ハーブのような形状のラマ8世橋　2.活きた川エビを使った風味豊かなトムヤムクンB990

プチ情報　ディナー付きのリバークルーズで夜景を満喫できるグランド・チャオプラヤ・クルーズもおすすめ。☎0-2541-5599　時19時出航（リバー・シティ船着場　別冊MAP/P11C3）料B1700　URLwww.chaophrayacruise.com　要予約 E

Story3

おかいもの
Shopping

シルクやセラドン＆ベンジャロン焼など
バンコクは美しい伝統工芸品の宝庫。
安カワイイ雑貨ならマーケットもチェック。

話題沸騰！大型ナイトマーケット

アジアティーク・ザ・リバーフロント徹底紹介

19世紀の船着場跡を利用した、レトロでおしゃれなナイトマーケット。
広大な敷地にギッシリ入った1500以上の店から、特に行くべきスポットをご紹介！

1.2.4.5.流行ファッションや若手デザイナーの出店、観光客向けのみやげ物店など、ショップはさまざま。お目当てがあるなら店番号を目印に探そう 3.チャルンクルン通り側の入口

6.チャオプラヤー川からの夜景 7.グルメスポット「ザ・ハーバー・マーケット」 8.バンコクの夜景を楽しめる「アジアティーク・スカイ」

バンコク南部 | 別冊MAP P4B4

アジアティーク・ザ・リバーフロント
Asiatique the Riverfront

東京ドーム1個分の巨大マーケット

デンマークの貿易会社が使用していた船着場跡を再開発。アーチ型屋根の倉庫や木材工場など、当時の建物を利用した趣のあるスポット。4つの地区に分かれ、大小1500のショップや約40のレストランが入る。

DATA 交BTSサパーンタクシン駅から徒歩すぐのサトーン船着場から専用ボートで10分 住Charoenkrung Soi 72-76 ☎0-2108-4488 時16～24時（店によって異なる）休なし

チャルンクルン通りは渋滞するので、専用ボートでのアクセスがおすすめ。ただし、サトーン船着場行きの最終発は23時30分なので注意。

専用ボート発着所　▼サトーン船着場
バーン・カニタ・バイ・ザ・リバー　チャオプラヤー川
プロムナード
ウォーターフロント地区
トッコ乗り場
● コーダン・タレー
トイレ
キス・ミー・ドール
アジアティーク・スカイ（観覧車）
ファクトリー地区
● セリーン
時計台
● ロットニヨム
● ガムランシップ・チキン・ライス
タウン・スクエア地区
トイレ　駐車場
トイレ　トイレ
パンワライ
トイレ
カス・ユニーク
チャルンクルン地区
トッコロート
カリプソ・キャバレー　● ムエタイライブ
トイレ　● キリー・シルク
タクシー乗り場
ジョー・ルイス・レストラン
プタウン
トッコ乗り場
出入口
0　30m
チャルンクルン通り　バンコク中部▶

プチ情報　タウン・スクエア地区は、タイ料理を中心にフードコートのようになっている。リーズナブルに食事したいときにおすすめ。

イチオシショップ

タイテイストの雑貨やタイ発ブランドの製品を扱うショップが充実。なかでもイチオシの6店をピックアップ！

パンワライ
店番号 Warehouse2
Panwalai

自然素材のユニークアクセ

マンゴーなどタイでとれる素材で作ったアクセサリーが揃う。「いろんな腕輪」を意味する店名のとおり、ユニークなデザインが多い。

ポップなファッションに合うピアスはB50くらいから

セリーン
店番号 Warehouse7
Sereen

フェミニンワンピの宝庫

毎月新しいアイテムが入荷する激安ファッションショップ。値段設定がB200とB300のみで、シンプルでカジュアルなアイテムが中心。

チュニックにもなるコットンワンピ B200

プタワン
店番号 KK28
Phutawan

使い心地◎のタイ製スパグッズ

キュートなデザインのソープからボディスクラブなどが並ぶ自然派ホームスパ専門店。お手軽価格でまとめ買いもOK。3店舗ある。

1.コールドプレス製法のココナッツオイルB120 100mℓ（サイズによりB60〜）2.リードディフューザB150

カス・ユニーク
店番号 Warehouse3
Khas Unique

自然素材のカラフル石けん

コールドプレス製法で作ったカラフルなソープのほか、ボディケア用品などが揃うショップ。100％自然素材のオイルキャンドルも要チェック。

1.ローズの香りのソープ 2.マンゴーの香りのソープ。好みの香りや形を選ぶのも楽しい。値段は1個B90、3個B250、10個B700

キリー・シルク
店番号 Warehouse2
Khiree Silk

上質シルクアイテム

タイみやげの代表格、シルク製品の専門店。伝統的なデザインが中心で、スカーフB350〜など、値段も手ごろ。

クッションカバーB250〜は色柄が多彩

キス・ミー・ドール
店番号 H20
Kiss Me Doll

カラフルなスカーフ専門店

バンコク中心部にも店舗がある人気店。シンボルマークのメリーゴーラウンドが入った柄など、デザインは約1000種類！コットンやシルクなど素材もさまざまに揃う。

シフォンシルクのスカーフB980

イチオシグルメ＆カフェ

リバーサイドの雰囲気が味わえる店から、気軽に食べられるフードコート、スイーツの専門店まで、幅広く集まっている。

店番号 R08 バーン・カニタ・バイ・ザ・リバー
Baan Khanitha by the River

人気の有名店が登場！

素材の味を活かした料理は辛すぎず甘すぎず、タイ料理初心者にもぴったり。2階にあるプライベートリバービューの窓際席は、カップルにロマンティックな夜を演出してくれるのでおすすめ。

約100年前の家屋をリノベーションした店内はモダンなコロニアル調。ムード満点の室内席と、開放的なテラス席がある

エビや鶏肉が入ったスパイシーなサラダ、ヤム・ソム・オーB280

前菜盛合せB630、ソフトシェルクラブのカレーB640などが人気

店番号 R02-03 コーダン・タレー
Ko Dang Talay

リバーサイドの雰囲気を堪能！

カジュアルな雰囲気のタイ料理＆シーフード・レストラン。バンコク近郊の海から仕入れる新鮮な素材の味を堪能できる。ウォーターフロントのテラス席もある。

夜風が心地よいテラス席では川を行き交う船を眺めながら食事ができる

揚げたスズキのナンプラーソースかけB590

カニミソたっぷりのタケノコ入りサワースープ（時価）

店番号 Warehouse6 ロットニヨム
Rodniyom

タイ東北部の料理をカジュアルに楽しむ

タイの定番料理のほかに、東北部の料理を現代風にアレンジしたメニューが味わえる。注文に迷ったらセットメニューがおすすめ。

トムヤムクンB220は辛さ控えめなので、タイ料理の初心者にも食べやすい

店番号 T11 ガムランシップ・チキン・ライス
Gamlangsib Chicken Rice

タイ風チキンライスが名物

アジア圏のソウルフード、チキンライスにひと工夫加えてタイ風にアレンジ。ジャスミンライス、スープ、青菜などがセットになったメニューは6種類、B127〜379。

蒸し鶏か揚げ鶏か選べる

プチ情報 チャオプラヤー川を挟んだ向かい側に第2のアジアティークを作る計画も。2〜3年後のオープンを目指しており、ホテルやショッピングモールも計画に。

ショー＆アトラクション

魅惑のニューハーフショーやタイの伝統人形劇、国内最大級の観覧車など、エンターテインメントも充実！

♪ チャルン クルン地区

カリプソ・キャバレー
Calypso Cabaret

ニューハーフの迫力ある舞台に魅了

50名のニューハーフパフォーマーが、ハイレベルな歌やダンスを繰り広げる大人気のショー。ラインダンスやお色気たっぷりのポールダンスまで、いくつもシーンが変わる展開に客席も大盛り上がり。最後は一緒に記念撮影も可能。

客席にお邪魔することもあるわよ♡

ショーのハイライト、ラインダンス

見に来てね〜

DATA ☎0-2688-1415〜7 時毎日19時30分〜、21時〜の2回公演（各回所要約1時間）休なし 料B1200（ウェブ予約はB900。1ドリンク付き）　※2日前までに要予約

📷 イベント スペース

アジアティーク・スカイ
Asiatique Sky

タイ最大級の観覧車

2012年にオープンし、ライトアップされた姿が、アジアティークのシンボルになっているアジアティーク・スカイ。高さ60mでタイでも最大規模の観覧車。1回の乗車で3周する。所要10〜15分。

DATA 時施設と同じ 料大人B450、子どもB250

バンコクの夜景を一望できる。入口からも目立つ

♪ 店番号 S13

ジョー・ルイス・レストラン
Joe Louis Restaurant

伝統の味と芸を味わう

タイ伝統の人形劇「ジョー・ルイス・シアター」が運営するレストラン。レストランでは本格的なタイの伝統の味を堪能できる。金〜日曜には一日1回、レストラン前の広場でミニショーが楽しめる。

1.1階のレストラン　2.金〜日曜に行われるミニショー

攻略ポイント

その1

好みの地区を狙い打ちで行こう！

約12万㎡の敷地にショップが1500店以上もあるので、一度に全部回るのは難しい。地区ごとに特色があるので、自分の好みに合わせて狙い打ちで行くのがおすすめ。

その2

混雑時の食事は避けよう

訪れる人の多くは、ひととおり回ってから食事というパターンが多く、19時ごろはどのレストランも満席に。買物前に食事を済ませるか、21時以降に食事にするなど、時間帯をずらせば混雑は避けられる。

その3

バンコクを代表する夕景写真スポット！

ウォーターフロント地区の遊歩道は、川向こうに夕日が沈んでいくため、絶好の夕景が撮影できるスポットとして地元の人たちの間で知られている。アジアティークの看板と一緒に夕景写真にチャレンジしよう。

その4

ゆっくり見るなら平日、活気を味わうなら週末に

週末は観光客だけでなく地元の人も多い。バンコクの活気は充分に味わえるが、お気に入りのお店をゆっくり回りたいという場合は、平日がベター。

安くてカワイイ店がぎっしり♪

地元女子が通う
注目ショッピングセンター

バンコクではあちこちに大型ショッピングセンターが点在。高級から庶民派まであるけれど、
地元っ子御用達はこの3つ。流行ファッションや雑貨など、掘り出しものがざっくざく！

スクンビット｜別冊MAP P18B2

ターミナル21
Terminal 21

空港をイメージした話題のスポット
駅直結の大型ショッピングセンターで、9フロアある館内のコンセプトは空港。「パリ」「ロンドン」「東京」など各フロアのテーマ都市に合わせた内装が個性的だ。カジュアルファッションを扱う小さな地元ブランドが中心で、終日地元の人で賑わう。

DATA ⊗BTSアソーク駅、MRTスクンビット駅直結 ⊕2, 88 Sukhumvit Soi 19, Sukhumvit Rd. ☎0-2108-0888(代) ⏰10〜22時(一部店舗により異なる) ⊕なし

フロアガイド

6F	〈ハリウッド〉映画館、電気機器、モバイルショップ
5F 4F	〈サンフランシスコ〉フードコート、レストラン、カフェ
3F	〈イスタンブール〉靴、バッグ、アクセサリー、雑貨、コスメ
2F	〈ロンドン〉メンズファッション、スポーツアイテム
1F	〈東京〉レディス・ファッション
MF	〈パリ〉タイ・デザイナーズ・ファッション
GF	〈ローマ〉レディス・メンズファッション
LG	〈カリビアン〉スーパー、スイーツ、惣菜

1.2.5Fにフードコート(→P44)、LGにはスーパーがある 3.2階建てバスが置かれた2Fの「ロンドン」 4.シュガー・アンド・クリーム(1F)のヴィンテージ・ワンピースB2190 5.ディファイン・ロマンス(1F)の花柄トップスB890

ひと休みスポット

バンイン・カフェ＆ミール
Baanying Café & Meal
別冊MAP ● P18B2

お茶に食事に1日中使えるブラウニーなどの自家製スイーツのほか、タイ料理からパスタまでフードも豊富。約13種のフルーツシェイクB85〜もぜひ。

ウッディな店内は居心地満点

DATA ⊕5F ☎0-2108-0836 ⏰10〜22時 ⊕なし Ⓔ Ⓔ

プチ情報 大型免税店「キングパワー・ダウンタウン・コンプレックス」には、タイの雑貨やお菓子も充実。⊗BTSビクトリーモニュメント駅から徒歩5分 ☎0-2677-8899(代) ⏰10〜21時 ⊕なし 別冊MAP/P8A3

プラチナム・ファッション・モール

サイアム　別冊MAP P15C2　The Platinum Fashion Mall

人気ナンバー1の激安問屋モール

タイ最大規模の卸売スポット。本館（ゾーン1〜2）と新館（ゾーン3）の2棟、7フロアに約2500店が入り、卸価格で流行アイテムを販売。地元女子の支持は絶大で、買い付けに来る専門業者も！

1. ほとんどの店は現金のみ。両替してから行こう　2. 細い通路の両側に店舗が並び、マーケットのよう　3. アレックスショップ（ゾーン2/3F）のサマードレス B350　4. ブラザーフード（ゾーン1/2F）のショートパンツ B200　5. トップ・バッグ（ゾーン3/3F）のストライプ柄バッグ B490　6. シック・ルーム・アクセサリーズ（ゾーン2/5F）の5連バングル B150

フロアガイド

	ゾーン1〜2	ゾーン3
6F	タイ雑貨、フードコート、コンビニ	—
5F	子ども服、アクセサリー、ギフト用品、カフェ	靴
4F	レディス・メンズファッション	靴、バッグ、ベルト
3F	レディスファッション、カフェ	バッグ
2F	レディスファッション、飲食店	レディスファッション
1F	レディスファッション、飲食店、両替所	レディスファッション
BF	レディスファッション、ジーンズ	—

DATA　交BTSチットロム駅から徒歩15分
住222 Petchaburi Rd.　☎0-2121-8000（代）　時9〜20時（水・土・日曜は8時〜。一部店舗により異なる）　休なし

アマリン・プラザ

サイアム　別冊MAP P15C4　Amarin Plaza

狙い目は手ごろなタイ雑貨

地元向けの庶民的なショップが集まるモール。見逃せないのは、約50軒のタイ雑貨店が集まる3Fの「タイ・クラフト・マーケット」。陶磁器やシルク製品などを格安で購入できる。

フロアガイド

5F	各種スクール、書店
4F	レストラン、カフェ
3F	レディス・メンズファッション、タイ雑貨（タイ・クラフト・マーケット）
2F	レディス・メンズファッション、メガネ、ドラッグストア、美容サロン
1F	レディス・メンズファッション、ジュエリー、雑貨、ファブリック

1.2. 雑貨、服、書店、美容サロンなどが集まる　3. トンボ（3F）のゾウ型ソース入れ各 B150　4. トンボ（3F）のローズウッド製スプーン B100（2個セット）　5. トンボ（3F）のセラドン焼の小皿 B100（よりどり4枚セット）　6. ヘッド・ワーク・デコール（3F）のコットンショール B100

DATA　交BTSチットロム駅直結
住496-502 Ploenchit Rd.　☎0-2650-4704　時10〜21時（一部店舗により異なる）　休なし

規模、人気ともにバンコク最大級

週末はチャトゥチャック・ウィークエンド・マーケットへ

あらゆる商品が市価より安く買え、1日あっても全部回りきれないほどの超巨大マーケット。
買物に加え、雑然とした場内にたちこめる熱気を味わうのもマーケットの醍醐味！

1. 敷地内中央の時計台は待合わせスポットに最適 2.3.4.6.隙間なく商品が並ぶ、アジアン雑貨の宝庫。値段交渉も楽しもう

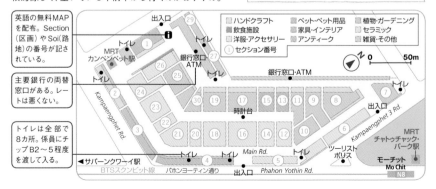

5. 午後は真っすぐ歩けないほど混み合う
7. ココナッツやオレンジなどのフルーツジュースで水分補給を 8. 麺類やごはんものなどの飲食店や、アイスなどのおやつでエネルギーチャージ！

バンコク北部	別冊 MAP P5C1

チャトゥチャック・ウィークエンド・マーケット
Chatuchak Weekend Market

全店あわせて1万店以上

ファッションや雑貨、陶器、インテリアから観葉植物に至るまで何でも揃う、土・日曜開催のマーケット。小さい店がびっしり入った場内は細い通路が入り組んで迷路のよう。比較的涼しく、空いている午前中から行くのがおすすめ。

DATA 交BTSモーチット駅から徒歩3分、またはMRTカンペンペット駅から徒歩1分
住Phahon Yothin Rd. ☎0-2272-4270（総合案内）
時土・日曜の8〜21時ごろ（店によって異なる）
休月〜金曜（店により営業あり）

英語の無料MAPを配布。Section（区画）やSoi（路地）の番号が記されている。

主要銀行の両替窓口がある。レートは悪くない。

トイレは全部で8カ所。係員にチップB2〜5程度を渡して入る。

[地図：チャトゥチャック・ウィークエンド・マーケット]

□ハンドクラフト ■飲食施設 □洋服・アクセサリー ①セクション番号
□ペット・ペット用品 □家具・インテリア □アンティーク
□植物・ガーデニング □セラミック □雑貨・その他

出入口 MRTカンペンペット駅 銀行窓口・ATM 時計台 Kampaengphet Rd. Main Rd. サパーンクワーイ駅 BTSスクンビット線 パホンヨーティン通り Phahon Yothin Rd. 出入口 ツーリストポリス Kampaengphet 3 Rd. MRTチャトゥチャック・パーク駅 モーチット Mo Chit N8 50m

プチ情報 場内にはいたるところに飲食物の屋台が出ている。衛生面で問題はないが万全ではないので、回転の早い店を選ぶとよい。また、体調が悪い時は避けよう。マーケット散策のコツは P69 へ。

安カワアイテム大集合！

※商品、値段は取材時のものです。
目安としてお考えください。

Fashion Item

女優風の帽子は
つば広デザイン
B200

リボン付き
ハット B200

オリジナルデザインの
A4バッグ B450

履き心地抜群の
ビニール製
サンダル B250

合皮でできた
民族調シューズ
B370

刺繍模様がキュートな
ポシェット B400

Fashion Wear

ゾウのイラスト
入りTシャツ
B150

アジアン柄の
薄手キャミ
B200

大ぶりの襟が縫
いつけられたト
ップス B150

異素材切り替えが
大人っぽいワンピ
ース B250

ショートパンツ
B100と激安！

Accessory & Goods

ゾウ柄ポーチ。
12個セットで
B200

キャンドル
（3個セット）B200

サテン地の
カチューシャ
B150

マンゴーの木で
作られたバングル
B100

ガラス飾りの
ネックレス
B300

水草を使った
手編みのウチワ
B50

ハーバルボール
（大）B60、
（小）B40

ハート型ソープ。
6個セットでB180

お目当ては買物のみならず！

DAY&NIGHTマーケットで
安カワみやげ探し

バンコクに点在するマーケット。おトクなショッピングはもちろん、場内に満ちる熱気は
タイらしさを味わえる観光スポットとしても人気。混雑するのでスリに注意しよう。

ラライサップ・マーケット
Lalaisap Market

シーロム　別冊MAP P17C2

平日の昼間限定！OL御用達！

オフィス街のなかにあり、ランチタイムになるとOLが集まることから「OL市場」ともよばれる。オフィスやリゾートに使える、リーズナブルな女性向けアイテムが数多く揃う。

DATA　交BTSチョンノンシー駅から徒歩3分　住Soi 5, Silom Rd.　☎店により異なる　時9〜16時ごろ　休土・日曜

1. 会社が昼休みになる12時前後が一番混み合う　2. 上品なロングワンピースB59　3. 花のワンポイントが付いたポーチは値切ってB350

プラトゥーナム・マーケット
Pratunam Market

サイアム　別冊MAP P15C1

ほぼ卸値の激安価格

あらゆるファッションアイテムが激安で手に入り、バイヤーが買い付けに来ることもあるという。卸値に近いため、ほぼ値切りはNG。アクセスは不便だが、行く価値あり。

1. 午後は混むので午前の散策がおすすめ
2. キャミソールは1枚B70、3枚でB150

DATA　交BTSチットロム駅から徒歩15分　住Ratchaprarop Rd.　☎店により異なる　時8〜16時ごろ　休なし

パフラット・マーケット
Pahurat Market

王宮周辺　別冊MAP P21D4

布製品ならココへ

インド人街にある名物マーケット。民族衣装のサリーに使う、色鮮やかな生地の布製品を扱う店が多い。

比較的空いているので落ち着いて買物できる

DATA　交MRT サムヨート駅から徒歩6分　住Pahurat Rd.　☎店により異なる　時10〜17時ごろ　休月曜

プチ情報　アジアティーク・ザ・リバーフロントはP60、チャトゥチャック・ウィークエンド・マーケットはP66で詳しく紹介。
※掲載の商品・値段は取材時のもの。なお、支払いはカード不可、現金のみ。営業時間は天候や客足によっても変動あり。

🐾マーケット散策のコツ

服装・持ち物

暑さ対策で帽子やタオル、飲みものは必需品。値段交渉用に電卓。スリ被害が多いので、バッグは常に体から離さないように。

判断は素早く、慎重に

人混みのなか引き返すのは難しいので、気に入ったら即買いを！ただし、鏡や試着室はほとんどなく、返品はできない。

値切りはできる？

大体の店は値切り交渉に応じてくれ、まとめ買いするとより交渉しやすくなる。なかには値引不可の店もある。

✦ Day

`チャイナタウン` `別冊 MAP P21D4`

サムペン・マーケット
Sampheng Market

1

オモシロ雑貨が大集合！

細い路地に多くの店が並ぶ。商品はファッションから雑貨まで多岐に渡り、問屋マーケットとよばれているだけあり卸値価格に近い。

2

1.大容量のヘアゴムとビーズ２袋は全部でB80！ 2.すれ違うのがやっとの道幅の狭い路地。ボタンやビーズ、文房具などが多い

DATA 交MRTワットマンコン駅から徒歩6分 住Samphan Thawong Bangkok ☎店により異なる 時8～17時ごろ 休なし

アクセス / 規模 / 安さ / ローカル度（レーダーチャート）

✦ Day

`王宮周辺` `別冊 MAP P21C4`

道路沿いに店が並ぶ

パーク・クローン・マーケット
Pak Khlong Talat

色とりどりのお花畑

生花店街。生花は日本への持込みが禁止なので、バンコク滞在中にホテルに飾るなどして楽しもう。

DATA 交MRTサナームチャイ駅から徒歩5分 住Chakraphet Rd. ☎店により異なる 時24時間 休なし

アクセス / 規模 / 安さ / ローカル度（レーダーチャート）

🌙 Night

`シーロム` `別冊 MAP P17C2`

パッポン・ナイト・マーケット
Patpong Night Market

有名歓楽街のマーケット

外国人観光客が多いため、店員の言い値は高めだが、値切り交渉もしやすい。道の両側にはゴーゴー・バーが並ぶが、外から見て雰囲気を楽しむ程度に。

1

2

1.ブランドの偽物も多いので気をつけて！ 2.さまざまなデザインのランプは1つB350～

アクセス / 規模 / 安さ / ローカル度（レーダーチャート）

DATA 交BTSサラデーン駅から徒歩3分 住Patpong Rd. ☎店により異なる 時18時～翌1時ごろ 休なし

🌙 Night

`バンコク南東部` `別冊 MAP P5D4`

オンヌット・ナイト・マーケット
On Nut Night Market

レディス商品がズラリ！

ウエアからバッグ、シューズ、アクセサリーまでレディス・アイテムのみを扱うマーケット。じっくり見て回れる広さなので、気軽に立ち寄れる。飲食コーナーもある。

1

2

1.駅のすぐ目の前とアクセスは抜群 2.パンプスからサンダルまで、靴のラインナップも充実

アクセス / 規模 / 安さ / ローカル度（レーダーチャート）

DATA 交BTSオンヌット駅から徒歩すぐ 住Soi 79～81,Sukhumvit Rd. ☎店により異なる 時16～22時ごろ 休なし

その美しい光沢にひと目ぼれ

「ジム・トンプソン」で出合う上質なタイシルク

タイ産のシルクといえば、世界でもその美しさと品質が認めれられている伝統工芸品。シルクの最高級ブランドと名高いこのショップで、その真髄にふれてみよう。

シーロム　別冊MAP P17C1

ジム・トンプソン本店
Jim Thompson Main Store

タイで一番有名な高級シルク店
1948年、アメリカ人のジム・トンプソン氏が創設した高級タイシルクの名店。上質の絹糸を専門職人が丁寧に織り上げ、美しい光沢となめらかな質感、繊細な柄のバリエーションはここならでは。定番のスカーフやポーチといった小物類からウエア、インテリア用品まで揃う。

DATA　交BTSサラデーン駅、MRTシーロム駅から徒歩3分　住9 Surawong Rd.
☎0-2632-8100　時9〜21時　休なし
□日本語スタッフ　☑英語スタッフ

[主な支店]
・セントラル・ワールド店（別冊MAP/P15C3）
　☎0-2613-1453　時10〜22時　休なし
・サイアム・パラゴン店（別冊MAP/P14B3）
　☎0-2129-4449　時10〜21時　休なし
・エンポリアム店（別冊MAP/P19C3）
　☎0-2664-8617　時10〜21時　休なし
・H マンダリン オリエンタル店（別冊MAP/P11C3）
　☎0-2630-6767　時9〜20時　休なし
・スワンナブーム国際空港店
　☎08-1376-3934
　時24時間　休なし

1.店内は3フロア。自慢のシルク製品が並ぶ
2.4Fのインテリア・フロア。カーテンやベッドカバーなどはオーダーもできる　3.色鮮やかなショールやスカーフは定番の人気アイテム　4.ジュエリーボックスやポーチなど美しい質感の小物が豊富に揃っている　5.シルクのバッグはタイのセレブも愛用
6.白亜の建物はシーロムの象徴の一つ

プチ情報　市内にアウトレット・ストアもあり、スカーフなどが定価の約30〜50%オフ！数千種の布地も揃う。交BTS バーンチャーク駅から徒歩7分　住153 Soi Sukhumvit 93　☎0-2332-6530　時9〜18時　休なし

Check !

ジム・トンプソンって、どんな人？

1906年、アメリカ・デラウェア州生まれ。アメリカ陸軍兵としてバンコクに赴任後、シルクに魅せられ、永住を決意。衰退していたタイシルクの復興に尽力し、タイの一大産業へと育て上げた。1948年に前身となる「タイ・シルク・カンパニー」を創設。1967年にマレーシアで行方不明になったままだが、その功績は今なお受け継がれている。

サイアム　別冊 MAP P14A2

ジム・トンプソンの家
Jim Thompson's House & Museum

ジム・トンプソンが暮らした邸宅を一般公開。アジア美術の希少な彫刻や陶磁器のコレクションも見られ、その価値は国宝級ともいわれる。

DATA　交BTSナショナルスタジアム駅から徒歩5分
住6 Soi Kasemsan 2, Rama I Rd.　☎0-2216-7368
時9〜18時　休なし　料B 200

名品 Collection

南国の植物をモチーフにした「トロピカル」シリーズをはじめ、美しい色柄のアイテムが勢揃い。シルク製品だけでなく、カジュアルなコットンや上質のレザーを使ったオリジナル商品も。

ぬいぐるみ（小）
「サイアム・エレファント」とよばれる人気商品。色も柄もさまざま

B 890

各 B1500

キーチェーン
象モチーフの人気商品。ストラップに付いたリングに鍵を取り付けられる

コインパース
4色のシルク糸を織り込んだモダンな柄。小さくておみやげにぴったり

B 550

B 650

ポーチ
シックなモノトーンの花柄。コットン製で気軽に使える

ティッシュケース
小さなゾウがちりばめられた、タイならではのデザイン

B630

スカーフ
ビビッドなイエローと花柄で南国テイスト。なめらかな質感

B 3500〜 9500

ハンカチ
いろいろなポーズのゾウがプリントされた柄。コットン製

B 530

ショール
美しい色と柔らかな風合いが魅力。色も柄も豊富に揃っている

B 1500〜

B 7800

ホーボーバッグ
シルクのバッグはゴールドやラベンダー色などカラーバリエーション豊富

シルク・ジップ・パース
かわいい象をモチーフにした小脇に挟めるミニ・ショルダー

B 1900

B 700

コンパクトミラー
ゴールドのロゴがアクセントの手鏡。ケース部分はシルク100%

タイを代表する2大陶磁器

セラドン焼&
ベンジャロン焼にうっとり

素朴な風合いのセラドン焼と金彩が華やかなベンジャロン焼は、タイ伝統の美しい陶磁器。
似たような商品も出回っているので、本物は専門店で購入するのがおすすめ。

Ceradon
セラドン焼

13世紀のスコータイ王朝時代に中国から伝わった焼き物。
自然の木灰の釉薬を使用し、ひび割れ(クラック)と、
ガラスのようにつややかな表面の輝きが魅力。

プレート
B 220
蓮の葉をデザイ
ン。葉脈などの
模様が丁寧に描
かれている Ⓐ

箸置き 各 B75
ゾウのシルエット
が上品な一品。木
目を生かした箸を
合わせたい Ⓐ

小皿　B 75
定番の青色の小皿。調味
料や、アクセサリーなどの
小物を入れても◎ Ⓐ

色
翡翠のようなエメラ
ルドグリーンが定番。
青、茶、白など工房
独自の色もある

ひび割れ
ガラス質の表面の下に
見える独特の模様。約
1200℃で焼いた後の
熱収縮で生まれる

調味料入れ　B 450
キュートなゾウのデザイ
ン!鼻の部分が注ぎ口に
なっている Ⓐ

ティーカップ&ソーサー
B 330
定番色の人気商品。葉っ
ぱをかたどったソーサー
がワンポイント Ⓐ

素焼き
釉薬をかけずに素焼
き部分をあえて残して
デザインのアクセント
にするのが現代風

茶碗　各B220
シンプルで飽きのこないデ
ザイン。手に持ったときのフ
ィット感も◎ Ⓐ

調味料入れ　B 180
ガク部分が素焼きになっ
たマンゴスチン型。スプー
ンは別売りでB 38 Ⓐ

アロマポット　B 160
蓮の花のレリーフ入り。透
かし模様からキャンドル
の光がもれる Ⓐ

●サイアム

Ⓐ 別冊 MAP P14A3

レジェンド
The Legend

普段使いのセラドン焼が勢揃い

品揃えの豊富さに定評のある、セラドン焼の専門店。店
内にずらりと並ぶ商品の数々は、全てチェンマイの工場か
ら取り寄せたもの。カラーは、定番のグリーンと深みのあ
るブルーがほとんど。シンプルなプレートやティーポットの
ほか、ゾウやマンゴスチンなど、タイらしい植物や動物を
モチーフにしたユニークなデザインや、釉薬を使わない素
焼き部分を組み合わせたものまで、バラエティーに富んで
いる。価格帯も幅広く用意。

DATA　🚇BTSナショナルスタジア
ム駅直結　🏠5F MBK Center, 444
Phayathai Rd.　☎0-2231-2170
🕐10〜22時　🈺なし　🇪

お手入れ方法

セラドン焼

光沢のある表面はガラス質に近い性質なので、汚れが落ちやすい。使用した後は普通の食器と同じように食器用洗剤で洗えばOK。電子レンジは使用できるが、オーブンでは基本的に使えないので注意。

ベンジャロン焼

高温でしっかり模様が焼き付けられているので柄や色が落ちる心配はないが、洗う時は柔らかい金彩の部分を強くこすらないように。スポンジや食器用洗剤も使える。電子レンジでは使用できないので注意。

Benjarong
ベンジャロン焼

「ベンジャロン」の語源は、サンスクリット語の「五彩」。白磁の上にさまざまな色の顔料で模様を描いて焼き付けた伝統磁器で、13～18世紀にはタイ王室専用に作られていた。

小皿 各B250
2～3色で表現した繊細な花柄。小物置きに使うのもおすすめ**B**

レンゲ 各B350
描かれているのはタイの花々。色違いで購入するとカワイイ**B**

デミタスカップ B2500
タイで親しまれる蓮の花の柄。金彩を多く使い、ゴージャス**C**

色
昔からの伝統色は深い赤、青、緑。最近はピンクや黄色などのパステルカラーも

金彩
ベンジャロン焼の特徴で、約200年前に技術が確立。24金を使うのが本流

クリーム＆シュガーポット、トレーのセット B1300
パステルカラーを使った花柄。バラ売りも可**B**

小物入れ B500
淡いパステルカラーの花模様がキュート。アクセサリーや調味料入れに**B**

文様
金で緑を描き、絵付けの後、金で再度縁どりする。蓮や稲穂、寺院などがモチーフ

ビールカップ B1800
伝統の花柄を、現代風の淡い色で絵付け。ビールの口当たりもなめらか**B**

調味料入れ B1450
希少なオレンジ色のベース。薄くて丈夫なボーンチャイナに絵付け**C**

エッグスタンド B950
珍しい黒の地色に、白い花模様と金彩が映えてシックな雰囲気に**C**

●スクンビット

B 別冊MAP P18B2

タイ・イセキュウ
Thai Isekyu

タイ屈指の高品質で知られる

実用品から美術品レベルまで、全てオリジナルのベンジャロン焼は繊細な柄と品質に定評あり。オーナーが日本人なので、日本人好みの色や柄が多い。

DATA 交BTSアソーク駅、MRTスクンビット駅から徒歩5分 住1/16 Soi 10 Sukhumvit Rd. ☎0-2252-2509 時9～17時 休日曜 **J** **S**

●スクンビット

C 別冊MAP P18B2

サイアム・セラミック・ハンドメイド
Siam Ceramic Handmade

3代続くベンジャロン焼専門店

バンコク南部の自社工場で制作。絵付けに使う白磁には、最上級品のボーンチャイナなどを使用。Ηマンダリン オリエンタル(→P110)など高級ホテルでも使われている。

DATA 交BTSアソーク駅から徒歩3分 住202 Sukhumvit Rd. ☎0-2653-3729 時10時30分～23時 休なし **S**

一期一会の雑貨探し

温もりあふれる
自然素材のタイ雑貨

コットンや籐、ココナッツの木など自然の素材を使ったバンコクの雑貨は、素朴な風合いと
モダンにアレンジしたデザインが魅力。どれもリーズナブルなので、まとめ買いしても◎。

1

2

3

4

5

6

7

8

1. ゾウのキーチェーン 各 B 130 Ⓐ 2. コットンのハンドバッグ B 250 くらい。人気のリボンシリーズ Ⓐ 3. 大中小のポーチセット B 550 Ⓐ 4. 各種携帯ストラップは B 2000 くらい 5. ブリキ製のキャンドルホルダー各 B480 Ⓒ 6. タイ文字のペンダントヘッドは B 480 〜 Ⓑ 7. ピンククォーツなどをあしらったゾウのペンダントヘッド B 980 〜 Ⓑ 8. 木彫りのトゥクトゥク B580 〜 Ⓒ

 Ⓐ ●スクンビット

ナラヤ

Naraya

別冊MAP ● P19C3

熟練職人が作るオリジナル柄の布小物で有名。定番のリボンバッグやポーチなど、豊富な色柄とサイズが揃う。商品はポーチ約 B 40 〜とお手ごろ価格なのも人気の理由。

DATA ㉄BTSプロームポン駅から徒歩1分 ㊂654-8 Corner of Sukhumvit 24 ☎0-2204-1147 時9時〜22時30分 休なし ⒿⒺ

Ⓑ ●スクンビット

システマ

Sistema

別冊MAP ● P18B2

タイ文字や数字、ゾウやトゥクトゥクなど、タイならではのモチーフをあしらったアクセサリーが人気。シルバー製ゾウのペンダントヘッドがB1000 くらいから。

DATA ㉄BTSアソーク駅、MRTスクンビット駅直結 ㊂ターミナル21（→P64）3F ☎0-2108-0971 時10〜22時 休なし ⒿⒺ

Ⓒ ●スクンビット

チムリム

Chimrim

別冊MAP ● P19D3

カゴバッグやセラドン焼、布小物やインテリア雑貨などキュートな商品は、すべて日本人オーナーがセレクト。自然素材を使ったソープやスキンケア商品もベストセラーだ。

DATA ㉄BTSプロームポン駅から徒歩5分 ㊂3/5 Soi Sukhumvit 43 ☎0-2662-4964 時10時〜17時30分 休なし ⒿⒺ

プチ情報 「ナラヤ」は現在、バンコクに全16店舗。アジアティーク・ザ・リバーフロント（→ P60）店のほか、セントラル・ワールド（→ P89）店、MBKセンター（別冊 MAP/P14A3）店、パッポン通り（別冊 MAP/P17C1）店など。

タイの伝統工芸品

布製品
シルクのほか、コットン製品の製
造も盛ん。タイ北部の山岳民族
がハンドメイドで仕上げる刺繍や
パッチワークもタイならでは。

カゴ製品
籐や竹、タイの水草「リパオ」な
どを手で編んだもので、バッグや
小物、家具などがある。丈夫で、
使い込むほどに味わい深くなる。

シルバー
タイ北部の工芸品で、山岳民族の
カレン族などが作ることで有名。
ジュエリーや食器のほか、銀を編
み込んだバッグなどもある。

9

10

11

12

13

9. 竹製の食卓カバーB500〜 ⓔ 10. タイ
製レザーにリス族のパッチワークの財布B
1400 ⓓ 11. マンゴスチン型の竹製小物入
れB 780（小）、B 980（大）ⓔ 12. 伝統の布
を使ったゾウ型キーホルダー各 B 160 ⓓ
13. カラフルな布を組み合わせたヘアゴム各
B 240 ⓓ 14. 水草で編んだバッグ B 1600 ⓔ
15. シルク製ジュエリーボックス B 550 ⓕ
16. シルク製フォトフレーム B 550 ⓕ

14

15

16

 ●サイアム

ロフティ・バンブー

Lofty Bamboo
別冊MAP ● P14A3

カレン族、モン族などタイ北部の山
岳民族による、手作りの美しい布を
使った小物を扱う専門店。オーナー
は日本人で、センスのよいウエアやバ
ッグ、小物などが並ぶ。

DATA 交BTSナ
ショナルスタジアム
駅直結 住2F Shop
2A13, MBK Center,
444 Phayathai Rd.
☎0-2048-7121
時10時30分〜20時 休なし Ⓔ

 ●サイアム

タムナン・ミンムアン

Tamnan Mingmuang
別冊MAP ● P14A3

タイの水草や竹で編まれたカゴ製
品の専門店。小物入れやインテリア
用品などがぎっしり並んでいる。繊
細な編み模様のバッグなど、完成ま
でに数カ月かかるという逸品も。

DATA
交BTSナショナルスタ
ジアム駅直結 住5F,
MBK Center, 444
Phayathai Rd. ☎0-
2231-2120 時10〜
22時 休なし Ⓔ

 ●シーロム

アニタ・タイ・シルク

Anita Thai Silk
別冊MAP ● P16A3

1959年に創業したタイシルクの老
舗。美しい光沢と色合いのシルクを
使った小物やポーチ、マット類など
が揃う。シルクの洋服のオーダーメ
イドB 3900〜（約4日）可。

DATA 交BTSス
ラサック駅から徒
歩10分 住294/4-
5 Silom Rd. ☎0-
2234-2481 時9〜
18時（土曜は〜17時）
休日曜 Ⓔ

本場の味をお持ち帰り

スーパーマーケットで探す バラマキみやげ

街なかに点在するスーパーマーケットはおみやげの宝庫。タイの味を日本でも楽しめる調味料や菓子などをリーズナブルに購入できる。タイ文字のパッケージもまた楽しい。

調味料＆レトルト食品

カレー・ペースト 各B16
グリーン、レッド、イエローの3種。鶏肉など好みの具とココナッツミルクで🄐

スイート・チリ・ソース B27
甘酸っぱいタイ調味料の定番。鶏の唐揚げやさつま揚げなどにつけて食べる🄐

タイスキ・ソース B36
タイ風寄せ鍋「タイスキ」のつけダレ。豆腐を発酵させた紅腐乳入りで奥深い味🄐

パッタイ・セット B75
トムヤムクン・セット B75
ハーブやペーストなどの調味料が1袋に。日本語レシピ付きで簡単に作れる🄑

ナンプラー 各B7〜25
麺や炒め物などのタイ料理に欠かせない魚醤。60mlのミニサイズから揃っている🄐

ラープ・ミール・キット B85
タイ東北地方のサラダ「ラープ」の素。中の調味料とひき肉を炒めるだけで完成🄑

タイヌードル・セット 各B95
太米麺のあんかけ焼きそばとあっさりスープのナムサイラーメン🄒

トムヤムクン・スープの素 B19
キューブ型のスープの素。エビやキノコを入れれば高級スープに🄑

🄐 ●スクンビット

フジ・スーパー（1号店）
Fuji Super (Branch 1)
別冊MAP ● P19C3

日本人街にある日系スーパー
中心部に4軒あり(→P90欄外)、ここ1号店は2012年リニューアルオープン。生鮮食品や日本の食材のほか、タイの調味料や菓子なども充実し、在住日本人御用達。

DATA ⊗BTSプロームポン駅から徒歩3分 ⊕593/29-39, Sukhumvit Soi 33/1 ☎0-2258-0697 ⊕8〜22時 ⊗なし

🄑 ●サイアム
伊勢丹スーパーマーケット
Isetan Super Market
別冊MAP ● P15C3

日系ならではの品揃えとディスプレイ
日系デパート「伊勢丹」内にある。人気商品には日本語の説明が添えられており、探しやすいのが特徴。パッケージ入りのチョコレートなど、おみやげ用商品も充実。

DATA ⊗BTSチットロム駅から徒歩7分 ⊕セントラル・ワールド(→P89)内 伊勢丹5F ☎0-2255-9898(代) ⊕10時30分〜21時30分 ⊗なし

プチ情報 タイでは酒類の販売時間に制限がある。商店やスーパーで買えるのは、11〜14時、17〜24時のみ。その他、仏教や王室に関する行事がある日や祝日、選挙の前日や当日も、販売は禁止されている。

Check !

チープコスメならココへ

 サイアム　別冊MAP P15C3

ブーツ
Boots

バンコクに約130軒を展開する、タイ定番のドラッグストア。タイのハーブやフルーツを使ったオリジナルのスキンケア用品が充実し、手ごろなのが魅力。

DATA 交BTSチットロム駅から徒歩1分 住アマリン・プラザ（→P65）GF ☎0-2256-9947 時8～21時 休なし E

左から順に、甘い香りに癒やされるココナッツ&アーモンド・シャワージェルB105、パパイヤ・パイナップル・ハワイアン・クール・ピール・ジェルB50、シアバター配合のマンゴー・シュガー・スクラブB229

菓子＆ドリンク

マンゴスチン・ワッフル
ドリアン・ワッフル　各B22
新鮮なフルーツを使ったクリームをサンド。ドリアン味はウケ狙いに!? D

ドライ・マンゴー　B20
素材の味を生かしたナチュラルな甘さと、手ごろな価格で人気。日本と比べて格安 D

かっぱえびせん
（トムヤム味）　B20
カルビーの定番スナックのタイ限定味。ピリ辛でおつまみにもぴったり C

トッポ（トムヤム味）
B20
タイ限定のフレーバー。酸っぱくて辛い味がヤミツキに B

タイのビール
各B32～36
（320ml缶）
定番のシンハーのほか、チャーン、タイガー、レオなど種類豊富 C

ドリップコーヒー
B180
タイ北部の山岳地帯で栽培されたシングルオリジンのアラビカ豆 C

ドライココナッツ　B55
ゆっくりと乾燥させ、生のココナッツの食感を生かした一品。素朴な甘さが特徴 A

ラープ・プリッツ
B10
タイ風サラダ「ラープ」味でタイ限定。スパイシーな味わいで売れ残り続出!! B

虫除けスプレー　B90～
ユーカリや柑橘類のエキスを配合。タイで欠かせないアイテム B

ヤードム　各B20～25
ハッカなどを配合したスティックでタイ人の愛用品。鼻づまりや頭痛に B

日用品

歯磨き粉　B30～
タイ庶民が古くから使っている定番ブランドの一つ。ナチュラルなエキスを配合 B

マンゴスチン石鹸
レモングラス石鹸　各B55
自然素材で人気。マンゴスチンは美肌、レモングラスは年齢肌に B

C ●サイアム
ビッグC スーパーセンター

Big C Supercenter
別冊MAP ● P15C3

中心地にある大規模スーパー

タイ人御用達の大型量販店。服や日用品のほか、2Fの全フロアを占める大きなスーパーがあり、圧巻の品揃え。ドライフルーツの量り売りやタイ料理の惣菜コーナーも。

DATA 交BTSチットロム駅から徒歩5分 住97/11 Rajdamri Rd.
☎0-2250-4888
時9～23時 休なし E

D ●スクンビット
トップス・マーケット

Tops Market
別冊MAP ● P19D3

地元の人も多く利用する庶民派

バンコクに92軒をもつ一大チェーン。規模はさほど大きくないが、タイの調味料や菓子など人気・定番商品をまんべんなくラインナップ。早朝から営業していて便利。

DATA 交BTSプロームポン駅から徒歩3分 住745 Soi 41, Sukhumvit Rd. ☎0-2662-6390
時8～23時 休なし E

熱気ムンムン！

1. テントがぎっしり　2. 細い通路に人がいっぱい　3. 昔は線路近くにあったため、鉄道市場（タラート・ロットファイ）の名前に
4. 青空ネイルサロンのマニキュア約B100　5. 靴なども格安！

｜ 最新ナイトマーケット ｜
「タラート・ロットファイ・ラチャダー」へGo！

2015年にオープンした、バンコク屈指の規模を誇るナイトマーケット。約1000軒ものカラフルなテントがひしめき、服、靴、アクセサリー、コスメなどのほか、古着やレストランなども並ぶ。どれも激安なのが魅力！ ステージが併設されたレストランやバーもある。

戦利品はこちら！

地元の若者御用達なので、どの商品もローカルプライス。週末は特に賑やか！

1. ワンピースB100。アシンメトリーな肩ストラップがポイント 2. ストライプ柄のショートパンツB50 3. 樹脂素材のサンダルB150 4. ピアス各B20。デザインはさまざま

バンコク北部　別冊MAP P9C2
タラート・ロットファイ・ラチャダー
Talad Rodfai Ratchada

DATA 交MRTタイランド・カルチュラル・センター駅から徒歩3分 ☎092-713-5599 時17時ごろ〜翌1時ごろ 休なし

夜ごはんは屋台で！

1. タイ料理、グリル、ハンバーガーなどバラエティ豊富 2. パンケーキも発見！

プチ情報 「タラート・ロットファイ・ラチャダー」をはじめ、ナイトマーケットは遅い時間になるほど混雑し、細い通路は人がすれ違うのがやっとなほどに。ゆっくり品定めしたいなら、開場直後の早めの時間や平日がおすすめ。

Lala Citta Bangkok

Story4

街あるき
Town Guide

まずは3大寺院めぐりからスタート！
買物エリアやスタイリッシュなエリアなど、
街によって個性もさまざま。

3大寺院めぐり①
ワット・ポーで
黄金の寝釈迦仏とご対面

誰もがその大きさと輝きに目を奪われる大寝釈迦仏は、バンコクに来たなら必ず見たいもの。
広い境内には本堂や回廊、仏塔などがあり、タイの僧院らしい厳かな雰囲気が漂う。

全身を金箔で覆われた、頭からつま先まで体長46mもの大寝釈迦仏

王宮周辺 ｜ 別冊 MAP P21C3

ワット・ポー
Wat Pho

バンコク最古の歴史ある仏教寺院

別名「涅槃寺」ともよばれる。アユタヤ時代からあった寺院を、18世紀末にラマ1世が再建。さらに19世紀のラマ3世の大改修により、現在のような大伽藍になった。ラマ3世の時代には、仏教や医学、文学などの学問所が置かれ、教育の場ともなった。今でもタイ古式マッサージの総本山の学校が残っており、マッサージを体験することができる。いくつかの入口があるが、観光客はタイ・ワン通りの門から入ること。

DATA ⊗MRTサナームチャイ駅から徒歩5分 時8時30分～18時 休なし 料B200（ミネラルウォーター付き）

幅5m、高さ3mの偏平足。足の裏に螺鈿細工で描かれた108の絵は、バラモン教から発した仏教の宇宙感を表現

1 釈迦仏堂

大寝釈迦仏が横たわる御堂。悟りを開いた釈迦が涅槃に入る直前を表現したもので、その超然とした姿は必見。1832年、ラマ3世によって建立された。

まめちしき 本堂や御堂を参拝する時は、まず入る前に手を合わせ、帽子や靴を脱いで堂内に入る。仏像の前で正座し、手を合わせてお辞儀をする。また、タイの習慣に功徳を積む「タンブン」があるが、参拝する時に花や札を供えるのもその1つ。

3大寺院の回り方

Model Route

● ワット・ポー[所要1時間]

↓ 徒歩15分

● ワット・プラケオ&王宮(P82)
[所要2時間]

↓ 船着場まで徒歩5分、ボートで3分

● ワット・アルン(P84)
[所要1時間]

寺院見学のマナー

タンクトップや短パンなど肌を露出した服装はNG。また、不浄とされる足の裏を仏像に向けてはいけない。境内は禁煙・禁酒で、飲食制限や撮影禁止、フラッシュ禁止の場合もある。

+αのアレンジプラン

朝8時頃からワット・ポーで開催のタイ式ヨガ、ルーシー・ダットン(→P98)に参加できる。また、午後から回るならワット・プラケオ&王宮はチケット販売の締切りが早いので、一番最初に回ろう。

3 回廊

本堂を囲んで二重の回廊が走る。外廊には約250体、内廊には約150体の仏像が並ぶ。立像と座像があり、さまざまな印相も見られるので、仏像好きは必見。

本堂内の壁画には釈迦の生涯が描かれている。さらに、8枚の扉にはラーマキエンの物語が螺鈿で表されている

4 本堂

ワット・ポーの本尊で、ラマ1世がチャオプラヤー川西岸にあるワット・サラシーナから移したもの。台座にはラマ1世の遺骨が納められている。

2 仏塔

陶器片で飾られた4基の仏塔は、緑がラマ1世、白がラマ2世、黄色がラマ3世、青がラマ4世を表し、それぞれに遺品などが納められている。

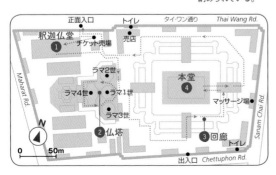

正面入口　トイレ　タイ・ワン通り　Thai Wang Rd.

釈迦仏堂 ①　チケット売場　売店

Maharat Rd.

ラマ2世
ラマ4世　ラマ1世
ラマ3世

本堂 ④

マッサージ場

② 仏塔　③ 回廊　トイレ

Sanam Chai Rd.

N　0　50m

出入口　Chettuphon Rd.

タイ古式マッサージも！

ワット・ポーは、タイ古式マッサージ発祥の地。今も境内に学校があり、マッサージB540(1時間)〜が受けられる。

3大寺院めぐり②
麗しの王室専用寺院
ワット・プラケオ&王宮

王宮の敷地内にあり、歴代国王の菩提寺となっているワット・プラケオ。本堂に安置されている翡翠の仏像が必見で、別名「エメラルド寺院」ともよばれる。

王宮周辺　別冊 MAP P21C2-3

ワット・プラケオ&王宮
Wat Phra Kaeo & Grand Palace

王室文化の歴史にふれる

1782年、バンコク王朝の始祖であるラマ1世（チュラローク王）が着工した王宮。広さ21万8400㎡を誇る敷地内には、歴代国王が増改築したワット・プラケオや壮麗な宮殿が立ち並ぶ。なかでも回廊で囲まれたワット・プラケオには、本堂や多くの仏塔、仏堂があり、みどころが多い。現国王は宮殿に住んでおらず、現在は祭典や迎賓館として利用されることが多い。

DATA　交MRTサナームチャイ駅から徒歩15分　時8時30分〜15時30分　休なし　料B500　※オーディオガイドB200をレンタルの際はパスポートまたはクレジットカードが必要

1 本堂

ラマ1世時代に建てられた、金箔や色ガラスのモザイクで装飾されたきらびやかな建物。内部の装飾も見事で、釈迦の生涯を描いた壁画など、仏教の世界観が表現されている。

本尊は、翡翠の体に金色の衣装をまとった、高さ66cmのエメラルド仏。インドラ神の宝石とよばれている

2 プラ・スワナ・チェディ

テラスとよばれる台座の東端に立つ2対の金色の塔。ラマ1世が自分の両親に捧げるために建立したといわれるワット・プラケオ最古の仏塔。内部見学は不可。

塔の台座を支える2体の神「ヤック」と「モック」

プチ情報　寺院見学の服装（→P81）チェックが、特に厳しいのが王宮。ストールを巻いたくらいでは不可で、ひざ下のパンツでも止められる。入口付近の店で長袖や巻きスカートが販売されている。B200〜

内部には仏舎利が納められている

3 プラ・シー・ラタナ・チェディ

金色に輝くスリランカ様式の仏塔で、ラマ4世がアユタヤのワット・プラ・シー・サンペットにあった仏塔を模して建てたと伝えられる。内部見学は不可。

絵を順番に追っていくだけでもおもしろい

4 回廊の壁画

インドの叙事詩である『ラーマヤナ』をベースとし、バンコク王朝の始祖、チュラローク王（ラマ1世）が書き上げたタイ古典文学の最高峰『ラーマキエン』が回廊の壁に描かれている。物語のあらすじはP100参照。

5 チャックリー宮殿

現在は迎賓館として使用。ラマ5世の創建で、屋根や尖塔はタイ様式だが、大理石を使ったビクトリア様式も併用。一部、博物館として公開。

6 ドゥシット宮殿

タイの伝統的な寺院様式の十文字型建物で、ラマ1世の創建。1789年に焼失するが、忠実に再建された。内部見学もできる。

7 ワット・プラケオ博物館

ワット・プラケオや王宮にまつわる品々を集めた博物館。季節ごとに着替えるエメラルド仏の衣装や王宮全体のミニチュア模型などを展示している。

バンコク王朝とは

チャックリー王朝ともよばれ、1782年から現在までラマ1～10世の10人の国王が治めてきた。ワット・プラケオを建築したラマ1世、タイの近代化に大きく貢献したラマ5世などは今でも国民に敬愛されている。また、前国王のプミポン王（ラマ9世）はタイ国民の尊敬を一身に集めた国王だった。

キンナリー
ワーイのポーズをし、芸事が得意な楽人。ラマ王子が恋する天女といわれる

キンナラ
『ラーマキエン』に登場する伝説の半人半鳥。ラマ王子を助ける役目を担う

珍像発見！

ナーク
5つの頭をもつ蛇神で、邪悪なものを排除する

ガルーダ
ヒンドゥー神話に登場するヴィシュヌ神の乗り物。聖なる神鳥とされ、タイ王室の紋章にも

3大寺院めぐり③

"暁の寺"ワット・アルンの大仏塔にのぼろう♪

タイ仏教とヒンドゥー教が融合した、色鮮やかな破砕タイルで飾られた巨大な仏塔がみどころ。
塔の途中まで階段でのぼることができ、チャオプラヤー川をはさんで王宮などを見渡せる。

ライトアップされる
夜も美しい

王宮周辺

別冊
MAP
P20B4

ワット・アルン
Wat Arun

川岸にそびえる
旧王朝のシンボル

チャオプラヤー川の西岸にある
寺院。18世紀、この地にトンブ
リ王朝を開いたタクシン王が、自
らの菩提寺として"ワット・チェ
ーン(夜明けの寺)"と名付けた
のが始まり。象徴ともいうべき
大仏塔はラマ2世と3世が建造
したもの。大仏塔の中ほどまで
階段でのぼることができ、対岸
の王宮などの眺めを楽しめる。
また、全景を鑑賞するには対岸
からが絶好のポイント。

ココまで
のぼれます♪

DATA ⊗ター・ティアン船着場
から渡し船で3分。桟橋から徒歩
1分 時8時30分〜18時 休な
し 料B100

対岸からの美しい姿

大仏塔の階段
はかなり急。注
意してのぼろう

大仏塔

色鮮やかな陶器片のモザイクで飾られた、
高さ67mのクメール様式の仏塔。塔の上部
には、インドラ神の像が置かれ、ヒンドゥー
教の影響が見られる。

本堂

外壁と柱は中国風のモザイクで飾ら
れ、堂内の壁に釈迦の生涯が描かれ
ている。本尊の釈迦座像の台座には
ラマ2世の遺骨が納められている。

渡し舟でアクセス

ワット・アルンへは専用渡
し舟でチャオプラヤー川を
渡る。ター・ティアン船着
場の入口で運賃B4を払い、
桟橋で船が来るのを待つ。
10〜15分間隔で運航。

プチ
情報
ワット・アルンのライトアップは日没後から。ター・ティアン船着場の北側にある遊歩道や公園からよく見える。またはチャ
オプラヤー川を遊覧するクルーズ船(→P58欄外)から見るのもおすすめ。

\3大寺院周辺で見られる/
美しすぎる仏像&仏塔

3大寺院の周辺には、歴史的に重要な寺院や多くの参拝者が訪れる仏像が点在。なかでも必見の、5つのスポットをご紹介。

ワット・スタット
Wat Suthat

美しい2体の名仏は必見

バンコクで最も美しい仏像ともよばれ、すらりとした体型のスコータイ仏の傑作が、仏堂に安置されるプラシーサカヤムニー仏。本堂のトライローカシュー仏や色鮮やかな壁画も見逃せない。

面長の顔と薄く開いた切れ長の目のプラシーサカヤムニー仏

DATA
交MRTサムヨート駅から徒歩5分 時9〜21時 休なし 料B100

本尊のトライローカシュー仏

ワット・サケート
Wat Saket

丘の上で輝く金色の仏塔
高さ79mの大仏塔は、ラマ3世の発案でアユタヤにあったプー・カオ・トン(黄金の丘)を再現した人工の丘に立つ。本堂と仏堂は丘の麓にある。

DATA
交MRTサムヨート駅から徒歩15分 時7時30分〜19時 休なし 料B50

344段の階段をのぼって大仏塔へ。テラスからは市街の見晴らしが抜群

ワット・ベンチャマボピット
Wat Benchamabophit

白さがきわ立つ大理石寺院
1899年、ラマ5世の命により建造した、西洋建築を取り入れた寺院。本尊は、タイで最も美しい仏像とされるピサヌロークのチナラート仏を模したもの。

DATA
交MRTサムヨート駅から車で10分 時8時30分〜17時30分 休なし 料B20

ふくよかな顔、弓状の眉などアユタヤ時代後期の特徴がある

ワット・トライミット
Wat Traimit

まばゆい純金の仏像

タイに数ある金色の仏像は、漆喰の上に金箔を貼り重ねたものだが、ここの黄金仏は、純金に近い本物の金で鋳造されている。ひと目見たいという参拝者が後を絶たない。

DATA
交MRTフアランポーン駅から徒歩5分 時8〜17時 休なし 料B40(博物館は別途B140)

金色の仏像は高さ約3m、重さ約5.5t。金の純度は約40〜99%

国立博物館
National Museum

必見の仏像のコレクション

タイ仏教美術の展示が充実。仏像は年代順に並べられ、スコータイ、アユタヤなどの様式の変遷を見ることができる。遺跡からの発掘品も多い。

DATA
交MRTサナームチャイ駅から車で10分 時9〜16時 休月・火曜 料B200

国宝級のブッタシン仏は別棟にある

バンコクで絶対行くべき！

注目の最旬スポット
2大ランドマークを制覇

新スポットが続々と登場するバンコクで、今、行きたいのがアイコンサイアムとマハナコン。
買物やグルメ、バンコクらしい眺めなどお楽しみが盛りだくさん！

チャオ
プラヤー
川西岸

別冊
MAP
P11C3

6階のダイニング
エリアでは天井
から水が落ちてく
る演出も！

アイコンサイアム
ICONSIAM

タイ屈指の巨大複合施設

2018年にオープンし、全11フロアの館
内にはファッションブランドをはじめとする
500以上のショップ、100店以上の飲食
店のほか、美術館や映画館、展望広場も
勢揃い。川沿いの広場では毎晩3回、水
と音楽と光のショーも開催される。

DATA 交無料シャトルボート利用：BTSサパー
ンタクシン駅1番出口から徒歩すぐのサトーン・ピ
アから約5分。無料シャトルバス利用：BTSクルン
トンブリー駅発 住299 Charoen Nakhon Soi 5 ,
Charoen Nakhon Rd., Khlong Ton Sai Sub District
☎0-2495-7000 時休 店舗により異なる

ライトアップも映える建物。日系デパートの髙島屋も入る

スーク・サイアム
Sook Siam

押さえるべきはココ

タイ全土のグルメや特産
物などが集まるテーマパ
ーク。フロアは北部、東
北部、中部、南部の4つ
に分かれ、各地域の名
物料理の食べ歩きや、手
工芸品の購入ができる。
☎0-2437-0711 時10
～22時 休なし

❶地域ごとに
異なる建物や
装飾にも注目
❷もち米を入
れる竹カゴな
どタイらしい
雑貨も

| 北部 |
チェンマイの名店「ラムドゥ
アン」のチキン入りカオソイ
（カレー麺）B80

| 南部 |
シュウマイと
4種の肉まん
B110。アツア
ツをほおばろう

タイ各地の
名物グルメを食べ尽くす

| 中部 |
串焼き3本B85
（上）。魚介と野
菜、インスタント
麺を和えたサラ
ダB150

| 東北部 |
豚ひき肉のソーセ
ージと野菜をライ
スペーパーで巻い
て食べるネームヌ
アンB350

プチ
情報
アイコンサイアム4階の「アイコン・クラフト」は、タイのデザイナーが手がけた雑貨やインテリアのほか、食材などを
扱うセレクトショップ。こちらもおみやげ探しにオススメ。

最上部78階の屋外展望台からの眺めはバツグン！

別冊 MAP P16B3

シーロム

マハナコン
MahaNakhon

大パノラマをひとり占め

地上78階、高さ314mの高層ビル。屋内・屋外の展望台のほか、眺望抜群のレストラン&バーやショッピングフロア、免税店などが集まる。「ピクセル」をイメージした近未来的な外観はシーロムのランドマークになっている。

DATA 交BTS チョンノンシー駅直結 住114 Narathiwat Rd. ☎0-2677-8721 時10〜24時（最終入場は23時）休なし 料B880

展望台へGo！

1 チケットを購入 1F

カウンターで購入（公式HP URL kingpowermahanakhon.co.th）からも予約購入可能）。セキュリティチェックを受けてエレベーターに向かう。

平日の昼間は意外と空いていることも

2 エレベーターで74Fへ 1F

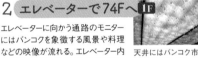

エレベーターに向かう通路のモニターにはバンコクを象徴する風景や料理などの映像が流れる。エレベーター内もデジタル映像が。約50秒で到着。

天井にはバンコク市街のジオラマが！

向かって左側はレストラン専用のエレベーターへの通路

3 屋内展望台 74F

全面ガラス張り、360度の景色が見渡せる展望フロア。天井は鏡になっており、窓の向こうに広がる景色が映る。エスカレーターで75階へ行き、ガラス張りのグラスリフトまたはらせん階段で78階へ。

フォトジェニックな一枚をパチリ♪

4 屋外展望台 78F

地上310mにある屋外展望台からパノラマビューを満喫。チャオプラヤー川やアイコンサイアムなども一望できる。雨の日や雷が発生した場合は75階までしか行けない。

屋外展望台はココを楽しむ！

● **グラス・トレー**

展望台の床の一部がガラス張りになったスリル満点のスポット。シーロムの街が真下に見え、まるで宙に浮いているような感覚に。

● **展望デッキ**

階段を上っていくと何も遮るものがない展望スペース。360度の眺めはもちろん、座るスペースでのんびり景色を楽しむのもオススメ。

Check!

グッズショップ

4階と74階にオリジナルグッズのショップがある。ロゴ入りグッズはみやげにぴったり。

ビル全体がプリントされたトートバッグ B250

建物がモチーフのマグネット B140

マハナコン・スカイバー
Mahanakhon Sky Bar Bangkok

76・77階にあるレストランは全方向に席が配され、眺めを楽しみながら西洋とタイを融合させた料理が味わえる。会計後のレシートを提示すれば78階の屋外展望台に行ける。

DATA 時10〜15時、17時〜翌1時 休なし E E 夕暮れ時は特にロマンチック。ディナータイムは予約必須

若者が集まる流行の発信地

バンコクNO.1の繁華街
サイアムを散策

大型ショッピングセンター(SC)やグルメスポットが集結するバンコク最大の繁華街。
みどころが多いので時間を取ってゆっくり散策しよう。

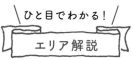

エリア解説

ナショナルスタジアム駅からチットロム駅までのエリアに広がる主なみどころを地図に沿ってご紹介。

A サイアム・パラゴン
別冊 MAP P14B3
Siam Paragon

地元っ子の支持率No.1
BTSサイアム駅直結の大型施設。国内外のブランドをはじめ、雑貨ショップ、各国料理レストランなど約350店が入る。GFのホームスパ用品、各国惣菜店が集まる「フードホール」も要チェック。アジア最大級の水族館「シーライフ・バンコク・オーシャン・ワールド」も人気。

DATA 交BTSサイアム駅直結
住991 Rama I Rd. ☎0-2690-1000(代)
時10〜22時(一部店舗により異なる) 休なし

みやげはココで

● グルメ・マーケット
生鮮食品や調味料が揃う高級スーパー。菓子やレトルト食品、スパイスなどタイの食材のみを扱うコーナー「グルメ・タイ」が人気。住GF 時休施設と同じ

まだある!
要Check Shop
アイベリー(→P26)、エムケー・ゴールド(→P38)、ジム・トンプソン(→P70)、アブ(→P24)、ブラナリ(→P24)、マウント・サボラ(→P25)ほか

ナショナルスタジアム駅 — ラマ1世通り Rama I Rd. — サイアム駅

クルアイ・クルアイ P28
マンゴー・タンゴ P27、28
パヤタイ通り Phaya Thai Rd.

このエリアの名物屋台街「フード・プラス」(→P42)
ソムタム・ヌア

A B C

B サイアム・スクエア・ワン
別冊 MAP P14B3
Siam Square One

若者向け
ショッピングセンター
2014年オープンした7フロアのSC。タイの代表的なブランド「ナラヤ」をはじめ、ファッション、コスメ、飲食店が入る。

DATA 交BTSサイアム駅直結
住388 Rama I Rd.
☎0-2255-9994〜7
時10〜22時 休なし

C サイアム・センター
別冊 MAP P14B3
Siam Center

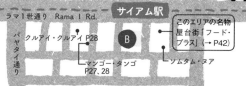

2013年にリニューアル
タイ人デザイナーが手がける、ローカルブランドが充実。約120軒のショップと、約30軒のカジュアルな各国レストランが入っている。

DATA 交BTSサイアム駅直結
住979 Rama I Rd. ☎0-2658-1000〜19(代)
時10〜22時(一部店舗により異なる) 休なし

 サイアムの北に立つ高層ビル「バイヨーク・タワー2」(別冊MAP/P15C1)。高さ309mのビルで、84階の回転式展望台から市街を一望できる。時10〜23時(土・日曜は9時30分〜) 休なし 料B400

D 別冊MAP P15C3 セントラル・ワールド
Central World

タイ最大規模を誇るSC

55万㎡、7フロアの館内にショップ500軒、飲食店50軒、さらに百貨店、映画館、ホテルなどが集結。ひとつひとつの店舗も広く、品揃えも充実。日系デパートの「伊勢丹」も入っている。

> DATA 交BTSチットロム駅から徒歩5分
> 住4,4/1-4/2,4/4 Ratchadamri Rd. ☎0-2640-7000（代）時10〜22時（一部店舗により異なる）休なし

まだある！要Check Shop
カルマカメット（→P25）、ジム・トンプソン（→P70）、ナラ（→P30）、ナラヤ（→P74）ほか

⊚みやげはココで♪

● セントラル・フード・ホール
世界各国の食材を扱う高級スーパー。タイの食材やホームスパグッズなどを集めたコーナーが人気。住L7☎0-2613-1629時施設と同じ

G 別冊MAP P15D3 セントラル・エンバシー
Central Embassy

2014年オープン
ラグジュアリー度No.1

高級ブランドが集まるSC。地下の屋台風フードコートは、タイ郷土料理店が多く旅行者にもおすすめ。

> DATA 交BTSプルーンチット駅から徒歩1分 住1031 Phloen Chit Rd. ☎0-2119-7777
> 時10〜22時 休なし

🐾おさんぽポイント
BTSの路線下に空中遊歩道「スカイウォーク」があり、主なショッピングセンターに直結している。屋根付きで道路を渡る必要もないので便利。通行できるのは6〜24時。

フードコートもオシャレ

D
プラ・トリムルティ

ラチャダムリ通り

E

F　G

チットロム駅
BTSスクンビット線

←エラワンの祠

E 別冊MAP P15C3 ゲイソーン
Gaysorn

バンコクきってのハイソなSC

世界の名だたる高級ブランドが集まり、タイの王族や芸能人も御用達のSC。5つのフロアに約100軒が並ぶ。2Fのタイ・ブランド、3Fのタイ雑貨のフロアが狙い目。

まだある！要Check Shop
タン（→P25）、パンピューリ（→P24）ほか

> DATA 交BTSチットロム駅直結 住999 Phloen Chit Rd.
> ☎0-2656-1149（代）時10〜20時（一部店舗により異なる）休なし

F 別冊MAP P15D3 セントラル・チットロム
Central Chidlom

約40年続く老舗デパート

タイを代表する有名デパート。高級感あふれる7フロアの館内に国内外のブランド、ファッション、家電、化粧品などが揃う。

> DATA 交BTSチットロム駅から徒歩1分 住1027 Phloen Chit Rd. ☎0-2793-7777（代）時10〜22時（一部店舗により異なる）休なし

おしゃれなスポットがいっぱい

在住日本人マダム御用達 スクンビット通り

日本人好みのハイセンスな雑貨店やレストランが多く点在するエリア。
メインのスクンビット通りから延びる静かなソイ(路地)には緑が多く、散策するのも楽しい。

ショッピングセンター	別冊MAP P19C3

エンポリアム
Emporium

このエリアのシンボル的存在

バンコクの高級ショッピングセンターの先駆け。8フロアのショッピングセンター棟、7フロアのデパート棟に分かれている。4Fの雑貨店「エキゾチック・タイ」やフードコートも要チェック。

DATA 交BTSプロームポン駅直結 住622 Sukhumvit Rd. ☎0-2269-1000(代) 時10~22時(一部店舗により異なる) 休なし E

Pick Up

● グレイハウンド・カフェ

タイのファッションブランド「グレイハウンド」が手がける、モノトーンの内装がスタイリッシュなカフェ。バナナのパフェ「バナナチョコ」B 150(S)などスイーツのほか、タイ料理も。

DATA 住2F ☎0-2003-6660 時11~22時 休なし E E

● キ 資生堂サロン&スパ

「気」の思想を基にしたオリジナルの「キ」シリーズを使ったトリートメントは、在住日本人やタイのセレブに絶大な人気。フェイシャルB1800~(60分~)など。ヘアサロンも併設している。

DATA
住1F ☎0-2664-8543 時10~20時(最終受付は19時) 休なし G E

● ハーン・ヘリテージ・スパ

人気のスパブランド「ハーン(→P25)」に併設されるスパ。自社プロダクトを使ったフェイシャルやボディなど約25種のトリートメントが揃っている。

DATA 住3F ☎0-2664-9935 時10~21時(最終受付は19時30分) 休なし 要予約(2日前より) G J E

🐾 おさんぽポイント

BTSの高架下に延びるスクンビット通りに大型ショッピングセンターなどが点在。ソイの奥の店へ行くにはかなり歩くので、BTSの駅からタクシーに乗るのがおすすめ。

プチ情報 日系スーパーマーケット「フジ・スーパー」がこのエリアに4店舗ある。1号店(→P76)のほか、最大規模の2号店(別冊MAP/P19D1)、やや小さめの3号店(別冊MAP/P19D2)、最新の4号店(別冊MAP/P19D3)がある。

飲食店が多く集まるモール「レイン・ヒル」。和食店も入る

交通量の多いスクンビット通り。通りに沿ってBTSが走る

緑あふれるベンジャシリ公園は近隣住民の憩いの場

ショッピングセンター 別冊MAP P19C3
エムクオーティエ
EmQuartier

2015年開業のショッピングセンター

1. フードコートも充実している 2. ハイブランドからカジュアルブランドまで揃う

高級ショッピングモールとレジデンスの複合施設。3棟からなり、売り場面積は約25万㎡と広大。オシャレなカフェなども入り、ひと休みにもピッタリ。

DATA 交BTSプロームポン駅直結 住693 Sukhumvit Rd. ☎0-2269-1000(代) 時10〜22時(一部店舗により異なる) 休なし Ⓔ

ショップ 別冊MAP P19D3
ニア・イコール
Near Equal

ソイの奥にある穴場ショップ

チェンマイなどで買い付けた食器や布小物、インテリア雑貨など、上質なタイ雑貨が人気。ビーズや半貴石を使って一つずつ手作りするアクセサリーも定番。

DATA 交BTSプロームポン駅から徒歩10分 住22/2 Soi 47, Sukhumvit Rd. ☎0-2258-1564 時10〜21時 休なし Ⓙ Ⓔ

1.2Fのタイ料理店も評判 2. 手作りのピアス約B 120〜。色もデザインもさまざま 3. ゾウの形がキュートな万年カレンダーB 360

ショップ 別冊MAP P19C2
ピース・ストア
Peace Store

日本人オーナーのセレクトショップ

キッチンウエアやバッグ、ストールなど、オーナーの山根久美子さんがデザイン&セレクトした、スタイリッシュな雑貨店。まとめ買いする日本人も多いとか。

DATA 交BTSプロームポン駅から徒歩7分 住7/3 Soi 31 Sukhumvit Rd. ☎0-2662-0649 時10〜18時 休水曜 Ⓙ Ⓔ

1. 家具や生活雑貨が並ぶ 2. モン族が手刺繍した布を使った針山B 295〜 3. 水牛の角で作ったネックレス各B 420〜

レストラン 別冊MAP P19C2
プアンゲーオ
Puangkaew

在タイ日本人が支持する味

1. 緑あふれるテラスもあり、居心地満点 2. マイルドなイカのカレー炒めB180

家庭的な一軒家レストラン。ハーブをたっぷり使った伝統的なタイ料理ながら、辛さは控えめ。パイナップルの器に入ったタイ風炒飯B 240も名物。

DATA 交BTSアソーク駅、MRTスクンビット駅から徒歩8分 住108 Sukhumvit Soi 23 ☎0-2258-3663 時11〜14時、17〜22時(土・日曜は11〜22時) 休なし Ⓙ Ⓑ Ⓔ

路地の奥に人気スポットが点在

ソイ55沿いのセレブエリア
トンローを探索

スクンビット通りから延びるソイ55を中心とし、高層マンションが並ぶ高級住宅街。
スタイリッシュなテラスカフェやバーなどが集まり、タイの芸能人も訪れるという。

🐾 おさんぽポイント

BTSトンロー駅の北側に延びるソイ55と、
そこから延びる路地に一軒家ショップやス
パが点在する。歩いて回るのは大変なので、
トンローバス（欄外参照）を活用しよう。

- ・ファンシー・ハウス・ルリ
  Soi Thong Lo 19
- セブンイレブン●
- ファミリーマート●
  Soi Thong Lo 17
- ザ・コモンズ● バーム・ハーバル・
  リトリート P19
- ジェイ・アベニュー●
- アフター・ユー● ●セブン
  イレブン
  Soi Thong Lo 13
- バーム・キュイジーヌ P47
- スターバックスコーヒー● *Soi 11*
- チコ●
- エイト・トンロー●
   アイネイル
- スマライ・スパ&
  マッサージ P23
- ●トップス
- *Soi Ma Di Pai*
- *Di Klang*
- *Soi Thong Lo 5*
- 徒歩5分
- *Soi 53*
- *Soi Thong Lo 1*
- バーン・カニタ@53 P47
- ボーラン●
- セブンイレブン●
- トンローバス乗り場
- スクンビット通り *Sukhumvit Rd.*
- BTSスクンビット線
- プロームポン駅
- 1 E6
- 2 トンロー *Thong Lo*
- エカマイ駅
- N
- 0 ─── 200m

ショップ 別冊MAP P20A1 チコ
Chico

ナチュラル素材の上質雑貨

天然木や麻などの厳選
素材を使った食器や小
物は、日本人オーナーの
チコさんがデザイン、セレ
クトしたもの。細部まで
丁寧に作られ、実用性が
高いのも人気の理由。

DATA 交BTSトンロー
駅から徒歩15分
住109 Sukhumvit Soi
53 ☎0-2258-6557
時9時30分～18時
休火曜 ⒿⒺ

1.静かな一軒家シ
ョップ。カフェも併設
2.3.小物雑貨が充
実しており、価格もお
手ごろ

ショップ 別冊MAP P20A1 ファンシー・ハウス・ルリ
Fancy House Ruri

こだわりのタイ雑貨がぎっしり

日本人オーナー、ルリさん
の自宅リビングを改装した
ショップ。山岳民族手作り
の布小物やタイ文字の時
計など、丈夫で温もりある
アイテムが並ぶ。

DATA 交BTSトンロー
駅から車で5分 住55 Soi
Thonglo 19, Sukhumvit
55 Rd. ☎0-2712-8768
時9～17時休なし
ⒿⒺ ※外出すること
があるので事前に電話を
してからお訪ね下さい

1.路地の奥にあるので、見逃さないように
2.ヤオ族の繊細な手刺繍が入ったポーチ
3.木彫りのトゥクトゥクの置き物B 90～

プチ情報 南北に長いソイ55を散策するには、通りを往復するトンローバスを利用すると便利。停留所はなく、乗降は自由。降り
たい場所でブザーを押す。時5時50分～21時15分、5～10分毎 料B7（1回）。乗り場は別冊 MAP/P20A3

ジェイ・アベニュー

ショッピング
モール　別冊 MAP P20A1

J Avenue

トンローのランドマーク

日系ショップやカフェが集まる、日本人御用達のショッピングモール。「大戸屋」をはじめとする日本料理店が並ぶほか、スーパー（時7〜24時）もあって便利。

カフェでくつろぐ欧米人の姿も多い

DATA 交BTSトンロー駅から車で5分 住Soi Thonglo 15, Soi 55 Sukhumvit Rd. ☎0-2660-9000(代) 時店により異なる 休なし Ⓔ

ザ・コモンズ

フード
モール　別冊 MAP P20A1

The Commons

話題のグルメスポット

人気のカフェ、レストラン、バーが勢揃いするモール。地階のマーケット・フロアはフードコート的に使える飲食街で、ランチスポットとして人気。

吹き抜けの中庭は開放感たっぷりでモダンな雰囲気

DATA 交BTSトンロー駅から車で5分 住335 Soi Thonglo 17 ☎0-2712-5400 時店により異なる 休なし Ⓔ

エイト・トンロー

ショッピング
ビル　別冊 MAP P20A2

8 Thonglor

「ジェイ・アベニュー」と並ぶトンローの代表スポット

世界各国の
駐在マダムが通う

ワインやキッチン用品の専門店、アロマショップなど、ひと味違った店舗が集まるショッピングビル。24時間営業のスーパー、タイやインド料理のレストランもある。

DATA 交BTSトンロー駅から徒歩15分 住88/36 Sukhumvit 55 ☎0-2714-9515(代) 時店により異なる 休なし Ⓔ

Pick Up

アイネイル iNail

良心的な価格で気軽に利用できるネイルサロン。革のリクライニングソファでくつろぎながらネイルケアを。クラシック・スパ・マニキュアB 550など。

DATA ☎0-2713-8310
時10時30分〜20時 ⒺⒺ

アフター・ユー

カフェ　別冊 MAP P20A1

After You

女子がはまる絶品スイーツ

素材にこだわったスイーツが自慢で、チーズケーキが中に隠れたイチゴのかき氷B265など、斬新なアイデアと見た目のかわいさで人気を集めている。

看板メニューのイチゴのせチョコレートトーストB235

DATA 交BTSトンロー駅から車で5分 住323/3 Sukhumvit 55, Thonglor 13 ☎0-2712-9266 時11〜24時 休なし ⒺⒺ

ボーラン

レストラン　別冊 MAP P20A3

Bo.lan

ヘルシー＆モダンなタイ料理

オーストラリア人シェフのディランさんによるタイ・フュージョン料理がコースで味わえる。有機野菜を使ったスローフードを実践しており、地元誌での評価も高い。

1. 店内はタイの民家がモチーフ
2. コース料理が基本で季節によりメニューと料金を変更する

DATA 交BTSトンロー駅から徒歩3分 住24,Soi Sukhumvit 53 ☎0-2260-2962 時12〜14時、18時〜22時30分(日曜は12時〜14時30分、水曜18〜22時) 休月・火曜 要予約 ⒺⒺ

バンコクきってのオフィス街

シーロムで見つけた！
地元OLのお気に入り

昼と夜でガラリと表情が変わるエリア。昼はバンコクで最も活気のあるビジネス街だが、夜になるとネオンきらめく賑やかな（アヤしげな？）歓楽街となり、深夜まで賑わう。

ラライサップ・マーケット
Lalaisap Market

別冊MAP P17C2

近隣OL御用達の露店街

通称「OL市場」「ランチタイム・マーケット」などとよばれる露店市。付近に勤めるOLをはじめ、客のほとんどが女性。オフィス用からカジュアルまで、ファッションアイテムが充実している。(DATA→P68)

1.2. 涼しげなサンダルB 150やトップスB100など
3. ランチの前後に立寄るOLが多い

トリニティ・モール
Trinity Mall

ショッピングモール 別冊MAP P17C2

OL市場と一緒にチェック

ラライサップ・マーケットに隣接するショッピングモールで、ファッション系の小さな店が100店以上も並んでいる。スーパーマーケットやフードコート、カフェなどもあって便利。

DATA 交BTSチョンノンシー駅から徒歩2分 住425/129 Silom Soi 5, Silom Rd. ☎店により異なる 時8～19時（土曜は10～17時）休日曜 ※時休は一部店舗により異なる
E

オリジナルデザインのショップが並ぶ

マダム・ヘン
Madame Heng

ショップ 別冊MAP P17C1

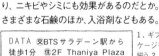

1949年から続くハーブ石鹸

タイのハーブを調合して作る石鹸の老舗で、タイの女性が代々愛用。消臭効果があり、ニキビやシミにも効果があるのだとか。さまざまな石鹸のほか、入浴剤などもある。

DATA 交BTSサラデーン駅から徒歩1分 住2F Thaniya Plaza BTS Wing, Silom Rd. ☎0-2632-9515 時10～21時 休なし

1. ギフト用パッケージも豊富に揃う 2. 海草成分やペパーミントなどを配合したナチュラルソープB 40

🐾 おさんぽポイント

BTSサラデーン駅を起点に、シーロム通りの南側はビジネス街、北側は歓楽街と覚えて動くとわかりやすい。狭いエリアなので徒歩で充分まわれる。

まめちしき シーロム・エリアのパッポン通りやタニヤ通りはバンコク随一の歓楽街で、呼び込み係が観光客に声をかけてくる。また、ニセモノ時計やバッグ、いかがわしいマッサージなどの勧誘もあるので注意しよう。

歓楽街アヤしさランキング

👑1 パッポン通り
別冊MAP ● P17C1〜2

女性が踊るゴーゴー・バーが軒を連ねる。夕方から歩行者天国となり、ナイトマーケットに（DATA → P69）。盛り上がるのは21〜24時ごろ。

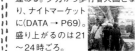

👑2 タニヤ通り
別冊MAP ● P17C1

日本人御用達のバーやクラブなどが並ぶ通り。日本語の看板があふれ、片言の日本語の客引きが出現。盛り上がるのは20〜23時ごろ。

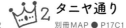

👑3 スラウォン通り
別冊MAP ● P16B1〜2

通称「マッサージ通り」。通りやその路地にタイ式マッサージ店が軒を連ね、マッサージ師が客を呼び込んでいる。盛り上がるのは18〜22時ごろ。

レストラン　別冊MAP P17C1

バイ・ブア・シーロム
By Bua Silom

ランチタイムはOLたちで行列

おしゃれなカフェのようなタイ料理店。メニューは定番料理が中心で、伝統を守った手作り主義。昼は付近のビジネスマンやOLで賑わうが、夜はカップルも多く訪れる。

1. タイ風焼きそば、パッタイの玉子焼き包み B200　2. パステルカラーでポップな内装

DATA 交BTSサラデーン駅から徒歩1分
住60/1 Silom Rd.
☎098-270-8680　時11〜24時　休なし ⒺⒺ

カフェ　別冊MAP P17D2

ロスニョム
Ros'niyom

おしゃれ空間でタイヌードル

ポップなインテリアが女性に人気のヌードル・カフェ。スープにライムやパームシュガーなどを使った味付けが特徴。

1. クイティオ・スコータイ B139。甘酸っぱいトムヤムスープに豚ひき肉のうま味がたっぷり。麺は7種類から選べる　2. バンコクで8店舗を展開する人気店

DATA 交BTSサラデーン駅直結
住シーロム・コンプレックス B1F　☎0-2231-3133　時10時30分〜22時　休なし ⒺⒺ

屋台街　別冊MAP P17C2

コンベント通り
Convent Rd.

小腹を満たす安ウマグルメ

夕方から深夜にかけて、歩道に屋台がズラリと並ぶ。テーブル席が少ないので、日本の焼き鳥に似た「ムーピン」、団子類を串焼きにした「ルークチン」などをおやつ代わりに食べ歩きするのがおすすめ。

1. ルークチンは1串 B10〜25　2. ガイ・ヤーン B50。炭火で焼いた鶏肉で、皮がパリッと香ばしい　3. 煙とともにいい匂いが流れてくる

DATA 交BTSサラデーン駅から徒歩2分
住Convent Rd.　時17〜23時ごろ　休なし

ショッピングセンター　別冊MAP P17D2

シーロム・コンプレックス
Silom Complex

シーロムのランドマーク

BTSサラデーン駅と直結した複合ビルがリニューアルしてよりオシャレに便利になった。GF〜5Fまでは有名デパートのセントラルも入りスーパーも併設。レストランフロアも充実している。

DATA 交BTSサラデーン駅直結　住191 Silom Rd.
☎0-2632-1199　時10時30分〜21時（店により異なる）　休なし Ⓔ

1. 開放的な吹き抜けのホール　2. ポップなデザイン外観が目を引く正面玄関

安宿街から激変中！
安カワ＆安飲みの聖地
カオサンを満喫

アジア屈指のバックパッカー街として知られる街だが、最近は雰囲気のいいショップや
カフェも急増中。食事、タイ雑貨、マッサージとも格安で、ナイトライフも楽しみの一つ。

ショップ 別冊MAP P21D1

ロフティ・バンブー
Lofty Bamboo

温もりあふれる手作りの布小物

布小物専門店「ロフティ・バンブー→P75」の
本店。生地の色柄をはじめ、織り、デザイン
などは全てオリジナルで、タイ北部の山岳民
族が手作り。小物からウエアまで揃う。

DATA 交警察署前から徒歩5分 住G-10 1F
Buddy Hotel, 265 Khaosan Rd. ☎0-2629-4716
時10時30分〜19時30分 休なし Ｅ

1.カレン族の手織り布を使っ
た巾着ポーチ各B690 2.バッ
グやアクセサリーなども豊富
3.3カ月毎に新商品が入ってく
る 4.店名のロゴ入りエコバッ
グB290。スパンナブリー県の手
織りコットンを使用

ショップ 別冊MAP P21D1

フリーハンド
Free Hand

エキゾチックな雑貨探しに！

イスラエル出身のオーナーがタイをはじ
め、アジア各国からセレクトしたアイテム
が揃う。アクセサリーや服、置物などバラ
エティに富んだ品揃えも魅力。

DATA 交警察署前から徒歩6分 住94
Rambutri Rd. ☎0-2629-3558 時10時〜23時
30分（金曜は〜19時、土曜は18時〜）休なし Ｅ

1.象のぬいぐるみB190。カラーバリエ
ーションいろいろ 2.象のチャームが
かわいいブレスレットB80 3.タイらし
い手ごろな価格の雑貨も充実

N
0 50m
国立美術館
ワット・チャナ・ソンクラーム
ランブトリー通り
ビエンタイ H
チャクラポン通り
警察署
カオサン通り
トムヤムクン
フリーハンド H
Khaosan Rd.
タナオ通り
バディ・ビア・ワイン・バー＆
シーフード・レストラン H
バディ
ロフティ・バンブー
Chao Fa Rd.

🐾 **おさんぽポイント**

カオサンはBTSやMRTの駅からは
徒歩でアクセスできない。BTSナシ
ョナルスタジアム駅からタクシーで行
くのが便利。所要約15分。メインス
トリートは長さ約200mのカオサン
通り。西側の角にある警察署が基点
となり、タクシーもここで降ろされる
場合が多い。カオサン通りの1本北
側にあるランブトリー通りも店やホテ
ルが並ぶ賑やかな通りで、この2本
の通りが散策の中心となる。

プチ情報 世界中から旅行者が集まるカオサンはナイトスポットとしても有名。立ち並ぶバーは夜が更けるほど盛り上がり、深夜ま
で多くの人で賑わう。女性だけで歩いても問題ないが、カオサン通り、ランブトリー通り以外は人も少ないので、注意。

1. 街のあちこちで外国人旅行客を見かける　2.「カオサンでできること」と書かれた看板。寺院参拝、マッサージ、買物などがおすすめだとか　3. 飲食店、ホテル、ショップが並ぶ賑やかなカオサン通り

レストラン＆バー｜別冊MAP P21D1

バディ・ビア・ワイン・バー＆シーフード・レストラン
Buddy Beer Wine bar & Seafood Restaurant

広いテラスで食事も夜の1杯もOK

中庭のテラス席が心地いいレストラン＆バー。軽食、タイ料理、グリルなどの料理のほか、11種の各国ビールもおすすめ。朝食からランチ、ドリンクまで利用価値大！

1. テラス席はリゾートの趣　2. タイ風焼きそばパッタイB110　3. モヒートB150、タイの生ビールB110〜

DATA 交警察署前から徒歩5分　住181 Khaosan Rd.
☎0-2629-5101　時9時〜翌2時　休なし ⒺⒺ

レストラン｜別冊MAP P21C1

トムヤムクン
Tom Yum Kung

レトロで上品な店。2階席もある

上品な一軒家レストラン

古い邸宅を利用した本格的なタイ料理を楽しめるスポット。カオサン周辺では貴重な店で、エビミソたっぷりの濃厚なトムヤムクンを味わえる。川エビのグリルB620も人気の一品。

一番人気のエビ3匹が入ったトムヤムクンB350

DATA 交警察署前から徒歩1分　住9 Khaosan Rd.
☎084-361-7746　時11時〜翌2時　休なし ⒺⒺ

マッサージ｜別冊MAP P6B3

チャイディー・マッサージ
Chaidee Massage

日本人経営で安心の老舗サロン

1998年に創業したカオサンのマッサージ専門店。タイ式30分B150〜のほか、足、オイルなどのマッサージが揃い、いつも各国旅行客で賑わう。

日本語スタッフ常駐なので、気軽に来て下さい！

足マッサージ30分B150〜は外でもOK

DATA 交警察署前から徒歩12分　住82 Samsen Rd. Soi 2
☎089-890-7159　時9〜24時　休なし ⒿⒿⒺⒺ

寺院｜別冊MAP P21C1

ワット・チャナ・ソンクラーム
Wat Chana Songkhram

ゲストハウスに囲まれる歴史ある寺院

アユタヤ時代から市民に信仰される寺院。「チャナ」は「勝つ」の意味をもち、勝負事や困難に勝つご利益があるといわれているので、ぜひ参拝を。

1. 金色に輝く本尊が祭られる　2. 境内にはブッダのものとされる足跡などもある

DATA 交警察署前から徒歩1分
住Chakkraphong Rd, Chana Songkhram
時6〜18時ごろ　休なし　料無料

無料開催の仙人体操

朝一番はワット・ポーで ルーシー・ダットン

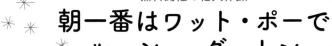

ワット・ポーのマッサージ場前で毎朝開催されるタイ式ヨガ、ルーシー・ダットン。
涼しい朝に、由緒ある寺院の境内で行う体操はまた格別。早起きして行ってみよう。

インドのヨガを源流とする、タイ式ストレッチ体操のこと。ルーシー（＝仙人）、ダッ（＝ストレッチ）、トン（＝自分）の名のとおり、仙人たちが自分の体の歪みや体調を整えるために作りだした自己整体法といわれている。200年以上前からあったといわれるが、ワット・ポーで開催するようになったのは10数年前から。関節と筋を伸ばすことで血液と気の流れを促進し、健康で引き締まった体を維持することができる。

［ 体験DATA ］
交 ワット・ポー（→ P80）のマッサージ場前
（MAP/P81）時 8時ごろから約30分 休 なし
※雨天時は中止 料 無料（寺院拝観料B200）

1.2.参加者はマッサージ師や周辺住民が多いが、近年は観光客も増えてきた。参加者が少なければ講師とマンツーマンなんてこともある　3.4. ワット・ポーの境内にはポーズをとったルーシーの石像や、体の経路を示す図なども残る

参加してきました！

1 朝7時30分に集合（8時からスタート）

ワット・ポーのマッサージ場前へ。靴を脱いでスタンバイ。参加者は2〜3人のこともあれば、10人以上の場合もあり、日によってさまざま。

2 ポーズ開始

説明もなく突然始まるが、講師の動きと呼吸を真似ればOK。1つのポーズを左右3〜5回ずつ、計10ポーズほどをゆっくり行う。

3 終了

終わるころにはじんわりと汗が。終了後にはマッサージ小屋からお茶の差し入れ。冷たくておいしい！

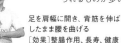
基本のポーズ

始めは首を回すなど動きの少ないポーズから入り、徐々に全身を使ったポーズへ。初心者でも簡単に覚えられるものが多い。

足を肩幅に開き、背筋を伸ばしたまま腰を曲げる
［効果］整腸作用、長寿、健康

片手で足をつかんだまま、ヒザを真っすぐ伸ばす
［効果］腰と足の張り

足を後ろでつかみ、体を前傾させて全身をのばす
［効果］腹痛、整腸作用

呼吸は伸ばす時に吸い、ポーズで止め、戻す時にゆっくり吐いてくださいね

教えてくれたのはこの人
ワット・ポー・タイ・トラディショナル・メディカル・アンド・マッサージ・スクールのルソン講師

まめちしき　ワット・ポーの敷地は広く、観光用の正面入口から入ると本堂の裏側にあたる。チェトゥポン通り Chetuphon Rd. に面した出入口から入ってもよい。

もっと
More

おすすめスポットはまだまだたくさん。

世界遺産のアユタヤや水上マーケットは

現地ツアーでラクチン観光。

タイ文化を知るエンタメショー
絢爛豪華なタイ舞踊と 国技ムエタイに大興奮!!

シアターレストランで行われるタイ舞踊と、専用スタジアムで試合が行われるムエタイ。どちらも日本ではなかなか見られないので、ぜひ本場の臨場感を味わって。

優雅な舞に
釘づけ☆

タイ舞踊

タイの伝統舞踊の最高峰といわれるのが、「コーン」とよばれる仮面舞踏劇。インドの叙事詩『ラーマヤナ』を起源とする『ラーマキエン』の物語を演じるもので、かつては宮廷内でしか上演されなかった。役者は役によって仮面を着け、語り部によって物語が展開する。このほか、コーンが大衆劇と合わさった「ラコーン」や、各地の民族舞踊など、ダイジェストで上演する専用のシアターレストランで食事をしながら見るのがおすすめ。

1.2.アクロバティックなコーンの名場面が続く 3.楽団による古典楽器の生演奏も 4.料理は前菜、メイン、カレー、デザートなどのセットメニュー

チャオプラヤー川西岸　別冊MAP P11C3
サラ・リム・ナム
Sala Rim Naam

最高級ホテルの専用シアター

Hマンダリン オリエンタルのシアターレストラン。タイ北部の伝統的な建物で、タイ料理のコースを味わいながらタイ舞踊を鑑賞できる。地方踊りなども披露され、見ごたえたっぷり。

DATA 交Hマンダリン オリエンタルの桟橋から専用ボートで2分 住Hマンダリン オリエンタル(→P110) 対岸敷地内 ☎0-2659-9000(代)時12時～14時30分、19～23時(ショーは19時45分～、所要約1時間) 休なし 料B2450(ショーと料理のセット) 要予約

ラーマキエン物語

あらすじ
アユタヤ王国のラーマ王子が、弟や猿将軍ハヌマンらを伴って、妻のシーダ妃を誘拐したロンカー国王トサカン率いる夜叉軍団と戦う。苦難の末、ラーマ王子はトサカンを倒し、シーダ妃を救い出す。途中、王子がマノーラ天女へ抱く淡い恋心などもみどころ。

人物相関図

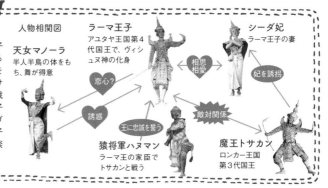

天女マノーラ
半人半鳥の体をもち、舞が得意

ラーマ王子
アユタヤ王国第4代国王で、ヴィシュヌ神の化身

シーダ妃
ラーマ王子の妻

相思相愛

妃を誘拐

恋心?

誘惑

王に忠誠を誓う

敵対関係

猿将軍ハヌマン
ラーマ王の家臣でトサカンと戦う

魔王トサカン
ロンカー王国第3代国王

プチ情報 「サンプラン・リバーサイド」(別冊MAP／P4A4)でもタイ舞踊とムエタイを鑑賞できる。

ルアン・テープ

シーロム 別冊MAP P16A3

Ruen Thep

観光名所で気軽に鑑賞

シーロム・ビレッジ・トレード・センター内の、200人収容のシアターレストラン。コーン舞踊劇の一部や地方踊りなどを鑑賞できる。

> DATA 交BTSスラサック駅から徒歩8分 住Silom Village Trade Center, 286 Silom Rd. ☎0-2635-6313 時19時～21時15分（ショーは20時15分～21時）休日曜 料B750（ショーと料理のセット）要予約 EE

1.仏塔風の冠をかぶった珍しい踊り。仏像の印相が起源といわれる、美しい手の動きに注目 2.カレーやトムヤムクンなどを1つの膳で

サラ・タイ

サイアム 別冊MAP P15C1

Sala Thai

間近で踊りを見られる

Hインドラ・リージェントにある老舗。ダイニングの中央にステージがあり、一段高い客席がそれを取り囲んでいる。距離が近いので、じっくり鑑賞できる。

> DATA 交BTSチットロム駅から徒歩15分 住4F Indra Regent, 120/126 Ratchprarop Rd. ☎0-2208-0022 時19時～21時30分（ショーは20時30分～21時30分）休不定休 要予約 ※2020年2月現在、ショーは10名以上の予約がある日のみ開催

1.あでやかなタイシルクの民族衣装を着て踊る 2.トムヤムクンやサラダ、カレー、デザート、コーヒーなどのセット

荒技にドキドキ☆ ムエタイ

「世界最強の格闘技」ともいわれるムエタイは、いわゆるキック・ボクシングに近い格闘技で、パンチとキック、肘打ち、投げなどが組み合わされている。ルーツはタイの農村で豊穣祈願として神へ捧げた遊戯が始まり。隣国との戦いのなかで発展し、16世紀には武芸として体系化され、タイの軍人が身につける国技となった。専用スタジアムで試合が行われている。

1.選手のスピードと迫力は超ド級！ 2.キックやパンチが決まる度に大歓声が沸き起こる。特に膝蹴りの得点が高いという

ラチャダムヌン・スタジアム

王宮周辺 別冊MAP P6B3

Ratchadamnern Stadium

歴史のあるスタジアムで、特に木曜にはビッグイベントがあり、地元客で盛り上がる。空調完備。2・3階席では賭けも行われる。

> DATA 交MRTサムヨート駅から車で10分 住1 Ratchadamnern Nok Rd. ☎0-2281-4205 時日・水・木・日曜18時30分～23時30分 休火・金・土曜 料リングサイドB2000～、セカンド（2階席）B1500、サード（3階席）B1000

ルンピニ・ボクシング・スタジアム

バンコク北部 別冊MAP P5C1

Lumpini Boxing Stadium

2014年に市内中心部のルンピニから移転したスタジアム。5000席を有し、敷地内にはムエタイ博物館やレストラン、マッサージ店などが入っている。

> DATA 交BTSモーチット駅から車で25分 住6 Ram Intra Rd.ロイヤル・タイ・アーミー・スポーツセンター内 ☎080-045-9541 時火・金曜18～23時（土曜は16時～21時30分）休月・水・木・日曜 料リングサイドB2000、2階席B1500、3階席B1000

観戦の流れ

❶ チケットを買って席に座る

スタジアム正面の売り場で当日券が買える。リングサイド席なら販売員から買ってもOK。1日約10試合で、7試合目あたりがメインイベント。

❷ 試合を観戦する

試合は3分×5ラウンド制。人気選手が登場するメインイベントは迫力満点で試合も白熱！選手が行うワイクルー（師匠とムエタイの神様に感謝する舞）もみどころ。

❸ 記念撮影

リングサイド席に座った観客は、試合後に選手と一緒に記念撮影できる。カメラは必携！

おみやげも！

スタジアムの入口脇にショップがある。グローブをモチーフにしたキーホルダーB250など

現地ツアーで行こう①

世界遺産の古都
1日じっくりアユタヤ観光

ゾウ乗り体験 P108

14〜18世紀に王都として繁栄したアユタヤ。その面影は、今も残る遺跡や寺院に見ることができる。
バンコクから日帰り観光するには、みどころを効率よく回る現地ツアーがおすすめ。

1.大仏塔は高さ72m。左右に2体の巨大仏像が鎮座する　2.参拝者の絶えない、本尊の黄金の釈迦仏。同じ堂内に曜日の仏像（→P104）もある　3.大仏塔を囲む回廊に並ぶ仏像　4.巨大な涅槃仏は、もとは金箔が貼られていたという

必見

A　MAP P105B2

ワット・ヤイ・チャイ・モンコン
Wat Yai Chai Mongkon

栄華を象徴する仏教寺院の遺跡

アユタヤ王朝の初代ウートン王が1357年に建立。先端が鋭く尖ったスリランカ様式の大仏塔は、20代ナレスワン王がビルマの支配からの解放を祝って1592年に建造したもの。塔の途中までは階段でのぼることができ、礼拝堂が見学できる。また、屋外に横たわる涅槃仏や、本尊の釈迦仏など、みどころが多い。

DATA
交観光案内所から車で10分
時8〜17時　休なし　料B20

境内では袈裟を着たお坊さんに出会うことも

大仏塔の階段。急なので歩きやすい靴で

まめちしき　仏像が安置されている御堂は靴や帽子を脱いで見学する。また、タイ人にとっては神聖な場所なので、仏塔や仏像の台に登るなどの行為は厳禁。

アユタヤ History

運河によって栄えた国際都市

1350年にウートン王が開いたアユタヤ王朝は、チャオプラヤー川とその支流に囲まれ、かつては水の都とよばれていた。運河の恩恵により東南アジア最大の交易地となり、17世紀に最盛期を迎えた。

日本人街と山田長政

17世紀には日本人商人も多く訪れ、1500余名が暮らす日本人街を形成していた。なかでも日本人街の頭領、山田長政は国王の信恵を得て、親衛隊長に抜擢された。

滅亡、そして世界遺産に

1767年、ビルマ軍の侵攻により王朝は終わりを告げた。現在も残る美しい仏像や寺院、王宮の跡は「古都アユタヤ」として1991年にユネスコの世界文化遺産に登録されている。

1.記念撮影の際には自分の頭が仏頭より高くならないよう、必ずしゃがんで撮ること 2.3代王ボムラ・ラチャシラット1世が建立したとされるが定かではない 3.敷地内の仏塔は、先端の丸いクメール様式と尖ったスリランカ様式が混在

B　MAP P105B1

ワット・マハタート
Wat Mahathat

菩提樹におおわれた神秘的な仏頭

14世紀を代表する仏教寺院の遺跡。建設当時は高さ44mの黄金の仏塔が立っていたが、ビルマ軍の侵攻によって破壊され、今でも壊された仏像や壁がそのまま残されている。裏手にある、菩提樹におおわれた仏頭は必見。

```
DATA
交 観光案内所から徒歩15分
時 8〜18時 休 なし 料 B 50
```

1.3基の仏塔は高さ約40m、1491年に建立した2.敷地内には朽ち果てた仏塔や仏像が点在 3.礼拝堂跡。崩れた壁のみが残る

C　MAP P105A1

ワット・プラ・シー・サンペット
Wat Phra Si Sanphet

王が眠る3基の仏塔

歴代王3人の遺骨が納められた仏塔で有名。もとはアユタヤ王朝最初の王宮があった場所だが、1426年に王宮が焼失・移転したことにより王室守護寺院が建設された。1767年のビルマ軍の侵攻で崩壊し、これらの仏塔だけが残る。

```
DATA
交 観光案内所から徒歩10分
時 8〜18時 休 なし 料 B 50
```

バンパイン宮殿
別冊 MAP P4A4
Bang Pa-In Palace

歴代王の夏の離宮

アユタヤ王朝26代プラサート・トン王によって1632年に建てられ、夏の離宮として使われていた。現在は王族の別荘で、各国の要人を迎える迎賓館となっている。美しい庭園に、中国建築やルネサンス建築などが点在。

DATA 交観光案内所から車で30分
時8〜16時 休なし 料B100

1.服装チェックがあるので露出度の高い服は避けよう
2.ラマ4世が天体観測したという天文台。宮殿を一望

ワット・ラチャブラナ
MAP P105B1
Wat Ratchaburana

タイ最古といわれる壁画が残る

1424年に建立。8代王ボロム・ラチャシラット2世が兄のために造った寺院。多くはビルマ軍によって破壊されたが、礼拝堂や壁画などが見られる。また、仏塔の途中まで階段でのぼれる。

DATA 交観光案内所から徒歩15分 時8〜18時
休なし 料B50

1.クメール様式の寺院 2.仏塔の地下室に残るアユタヤ時代の壁画はタイ最古といわれる

ワット・ナー・プラ・メーン
MAP P105A1
Wat Na Phra Men

珍しい仏像2体に合いに行く

13世紀に創建されたといわれ、15世紀に再建。本堂の大仏は王衣をまとい、冠をかぶった宝冠仏。礼拝堂に安置された緑色のドヴァラバティ様式の仏像はアユタヤ中期の作。

DATA 交観光案内所から車で6分
時8時30分〜16時30分
休なし
料B20

アユタヤ最大級の本堂

ワット・ロカヤ・スター
MAP P105A1
Wat Lokkaya Sutha

草原に横たわる涅槃仏

運河沿いの野外に、高さ5m、長さ28mもの巨大な涅槃仏が横たわる。かつては寺院があったといわれるが、今はその面影はなく、花や供物を置く祭壇のみがある。

DATA 交観光案内所から徒歩15分
時24時間 休なし
料なし（心付け程度）

仏像の髪の毛部分は蓮の花になっている

曜日の仏像&色

タイでは曜日ごとに仏像や色が決まっていて、自分の生まれた曜日の仏像にお参りしたり、曜日の色を身につけることで幸運になるといわれている。写真はワット・ナー・プラ・メーンのもの。

月曜 黄　水曜 緑　金曜 青　毎日（色なし）

日曜 赤　火曜 ピンク　木曜 オレンジ　土曜 紫　水曜の夜 黒

まめちしき 曜日の仏像は日〜土曜まで7体のほか、バラモン教の影響が強い寺院には毎日、水曜の夜を加えた9体ある。

アユタヤ観光アドバイス

バンコクから日帰りで観光できるが、アユタヤ内の移動は徒歩では厳しいため、要所を車で回る現地ツアーがおすすめ。また、遺跡に説明板などがないため、ガイドがいたほうがよい。

水分補給はこまめに

●バンコクからの現地ツアー
早朝から出発して主な遺跡見学とゾウ乗りを体験する1日ツアーが一般的。午前・午後発の半日ツアーもある。詳細はJTBタイランド　マイバスデスク（→別冊P22）

●自力で行く場合
バンコクから鉄道やバスでアユタヤまで行き、アユタヤ内はタクシーやトゥクトゥクで回るという手段もある。駅前ではレンタサイクル（1日B100ほど）もあるが、道が悪い、信号がない、英語看板がない、とにかく暑いなどでおすすめはできない。

［バンコク〜アユタヤ間の交通］

🚃　タイ国鉄フアランポーン駅からアユタヤまで約1時間30分〜2時間、B15〜245、1日約30便。

🚌　バンコク北バスターミナル（別冊MAP/P5C1）からアユタヤまで約1時間30分〜2時間、B60、30分間隔で運行

［観光案内所（TAT）］

🏠108-22 Si Sanphet Rd.　☎035-327301
🕐8時30分〜16時30分　㊡なし　MAP/P105A1

 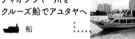

1dayツアー

7:00　バンコク市内のホテル出発
　↓　🚌 バス

8:30　チャオプラヤー川をクルーズ船でアユタヤへ
　↓　🚢 船

11:00　ビュッフェの昼食（船内）天候などの条件によりバスになることもある
　↓　🚢 船

12:20　アユタヤの船着き場に到着‥‥

バンパイン宮殿、日本人街、ワット・ヤイ・チャイ・モンコン、ワット・マハタート、ワット・プラ・シー・サンペット、ゾウ乗り体験（別料金）を観光

ワット・マハタート

　↓

16:35　アユタヤ出発
　↓　🚌 バス

19:00 〜 20:00 バンコク市内のホテル着

- -

世界遺産・クルーズでアユタヤ観光（夕食なし）

［出発/所要時間］7時ごろ/約12〜13時間
［開催日］毎日　［料金］B2300〜
［問合せ・申込み先］JTBタイランド　マイバスデスク
　　　　　　　　　　（→別冊P22）

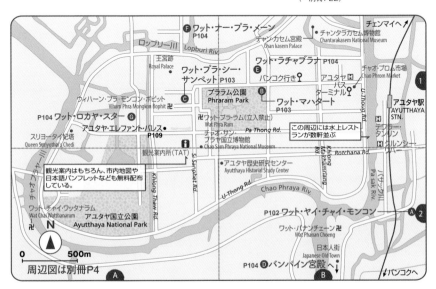

```
チェンマイへ↑
Ⓕワット・ナー・プラ・メーン P104
ロップリー川 Lopburi Riv.　チャン・カセム宮殿　•チャンタラカセム博物館
　　　　　　　　　　　　　Chan kasem Palace　Chantarakasem National Museum
王宮跡
Royal Palace　ワット・プラ・シー・　ワット・ラチャブラナ P104
　　　　　　　サンペット P103　Ⓔ　　チャオ・プロム市場
　　　　　　　　　　　　　バンコク行き🚩　Chao Phrom Market
ウィハーン・プラ・モンコン・ボピット Ⓒ　プララム公園　アユタヤ♪　アユタヤ駅
Vihan Phra Mongkon Bophit 卍　Phraram Park　バス　ターミナル　AYUTTHAYA STN.
P104 ワット・ロカヤ・スター Ⓖ　ワット・マハタート
　　　　　　　　　　　　　卍ワット・プラ・ラム（立入禁止）P103　デワラー・
アユタヤ・エレファント・パレス •　Wat Phra Ram　Pa Thong Rd.　タンリン
スリヨータイ妃塔　P109　チャオ・サン・　この周辺には水上レスト　クルンシー・
Queen Sunyothat's Chedi　プラヤ国立博物館　ランが数軒並ぶ　リバー
　　　　　　　　ℹ️　Chao Sam Phraya National Museum
　　　観光案内所（TAT）・アユタヤ歴史研究センター
観光案内はもちろん、市内地図や　Ayutthaya Historial Study Center
日本語パンフレットなども無料配布　Chao Phraya Riv.
している。
ワット・チャイ・ワッタナラム　P102 ワット・ヤイ・チャイ・モンコン
Wat Chai Wattanaram　ワット・パナンチェーン卍
N　アユタヤ国立公園　Wat Phanan Choeng
　Ayutthaya National Park
　　　　　　　　　　　　　日本人街
0　500m　　　　　　　Japanese Old Town
周辺図は別冊P4　Ⓐ　P104 Ⓓ バンパイン宮殿へ↓　Ⓑ　↓バンコクへ
```

現地ツアーで行こう②

運河をスイスイ♪
水上マーケット満喫

かつて「水の都」と謳われたバンコクの、昔情緒あふれる水上マーケットは人気の観光スポット。
ほとんどがバンコク郊外にあり、自力で行くのは難しいので現地ツアーの利用が便利。

1.観光客は小舟に乗って市場を見学　2.みやげ
物を売る露店が多く出て賑やか　3.運河が小舟
で渋滞することもしばしば　4.麺を売る小舟。狭
いスペースでも手際よく調理　5.6.季節のトロピ
カル・フルーツを満載した小舟。1個でも買うこと
ができ、その場でカットして渡してくれる

`バンコク郊外` `別冊 MAP P4A4`

ダムヌン・サドゥアック 水上マーケット

Damnoen Saduak Floating Market

バンコクで一番有名なマーケット

中心部から南西へ約80km、ダムヌン・
サドゥアック運河に開かれる市場。新
鮮な野菜や果物を積み込んだ小舟が
集まる風景は情緒たっぷり。

- -
DATA　⊗バンコク中心部から車で2時間
⊙7〜17時　㊡なし

タイ式ラーメン、
バーミーナーム。
相場はB 50前後

素朴な味のココ
ナッツ菓子B 20
〜30(1袋)

お香のセットは
B 300。市価では
B 100〜150

カットマンゴーは1個
B 60〜100が相場。
シーズンは4〜5月

物価は高め
タイ雑貨やシルクなどに値札はなく、値
段は交渉制で、吹っかけてくる。強引な
物売りにも注意。食べ物は値段を確認
してから注文を。小銭を用意しておこう。

スリやひったくり多し
人でごったがえすマーケットには、観光
客を狙ったスリやひったくりも横行して
いる。貴重品は肌身離さず、バッグは体
の前で抱えるように持とう。

衛生面は？
現在は水道が設置されているので、き
ちんと洗った果物やジュース、加熱され
た食べ物に危険は少ない。しかし、川の
水は汚れているので細心の注意を。

まめちしき　タリンチャン水上マーケットへ個人で行くには、伊勢丹（別冊 MAP/P15C3）前のバス停で、79 番のバスに乗り、「タ
ラートナーム・タリンチャン」と車掌に告げて切手サイズの切符を受け取る。メーター・タクシーだと片道 B150 ほど。

Check！ 列車が来ると素早く撤収!? 線路上のマーケット

鉄道メークロン駅の線路上に開かれるマーケット(別冊MAP/P4A4)。線路の両脇にフルーツや日用品の露店が並び、列車の発着に合わせて商品を片付ける光景が見られる。

到着：8時30分、11時10分、14時30分、17時40分
出発：6時20分、9時、11時30分、15時30分

**線路市場と
夜の水上マーケット観光**

[出発/所要時間]11時20分ごろ
/約8時間　[開催日]毎日
[料金]B2200〜
[問合せ・申込み先]JTBタイランド　マイバスデスク(→別冊P22)

1dayツアー

7:00　バンコクの
　　　ホテル出発

　　　🚌 バス

8:45　ココナッツファーム
　　　見学

9:30　ロングテールボートで水上マーケットへ

　　　🚢 ボート

9:50　お目当ての水上マーケットに到着。
　　　自由散策

10:50　水上マーケット出発

　　　🚐 バス

11:10　エレファントビレッジで
　　　ゾウ乗り体験(約30分)

　　　🚐 バス

12:15　タイ料理の昼食

　　　🚐 バス

15:30　バンコク到着

- -

水上マーケット観光&象乗り体験
ダムヌン・サドゥアック水上マーケットとゾウ乗り体験をまとめて楽しめるツアー。水上マーケットでの自由時間には、小舟に乗って運河めぐりも楽しめる(料金は別途1名B200程度)。

[出発/所要時間]7時ごろ/約8時間30分
[開催日]毎日　[料金]B2000〜
[問合せ・申込み先]JTBタイランド　マイバスデスク
　　　　　　　　　(→別冊P22)

バンコク郊外　別冊 MAP P4A2

タリンチャン水上マーケット
Taling Chan Floating Market

バンコクから最も近い水上マーケット

バンコクから車で約30分で行ける、週末のみ開催する水上マーケット。川の上に筏式の座敷を設け、そこにタイ式麺やシーフード、お菓子、フルーツなどの小舟の屋台が乗り付ける。

- -

DATA 🚹バンコク中心部から車で30〜45分 ※タクシーは片道B150程度 住Talingchan 時土・日曜の8〜17時 休月〜金曜 料なし ※現在ツアーの催行はないので行く時は個人で(P106まめちしき参照)

バンコク郊外　別冊 MAP P4A4

アンパワー水上マーケット
Amphawa Floating Market

週末限定のナイトマーケット

アンパワー川の両岸にマーケット(金〜日曜の12〜20時のみ)が開き、物売りや麺屋台の小舟が集まる。蛍の鑑賞スポットとしても人気。

- -

線路市場と夜の水上マーケット観光
[出発/所要時間]11時20分ごろ/約8時間
[開催日]毎日　[料金]B2200〜
[問合せ・申込み先]JTBタイランド　マイバスデスク
　　　　　　　　　(→別冊P22)

タイ観光の定番＆新定番
癒やされ度満点！
動物たちとふれあい体験

タイで人気の体験観光といえば、古都アユタヤの景色を楽しみながらのゾウ乗り。
さらに最近はトラと一緒に記念撮影できるスリリングな体験も注目を集めている。

バンコク郊外 別冊MAP P4A4

シーラチャー・タイガーズー
Sriracha Tiger Zoo

体験コース
トラの横に座って記念撮影
できる 料B200

スリル満点！
トラとツーショット

バンコクから一番近いリゾートとして知られるパタヤ近郊にある動物園。ベンガルタイガーの頭数はタイ国内で最多を誇り、トラと写真を撮ったり、ふれあったりできるのが人気を集めている。トラやブタ、ワニなどのショーも充実。園内にはビュッフェ形式のレストランもある。

DATA 交バンコク中心部
から車で約1時間30分
住341 moo 3 Nongkham
Sriracha, Chonburi ☎038-
296-556
時8〜18時 休なし
料入場料B450（子どもB
250）

生後2〜3カ月の赤ちゃんトラにミルクを飲ませたり、ハグしたりも！

赤ちゃんトラと一緒に記念撮影することもできる

体験コース
トラのショーは11時〜、13時
30分〜、15時30分〜の1日3回

プチ情報 ゾウ乗り体験の注意点：途中で降りられないため、ハイヒールやサンダルなど、ぬげやすい靴は適さない。落ちないようにベンチシートのひじかけを持つなど、バランスをとって座ること。また、立つのは危険なのでやめよう。

ワット・プラ・ラム前は定番の記念撮影スポット

混雑時は撮影ポイント付近がゾウで大渋滞

↑→餌やりでスキンシップ♥
フルーツや野菜が入った餌カゴは1つB50〜

体験コース
10分 B200
20分 B400
30分 B500
[ゾウの数] 約25頭

MAP
P105A1

アユタヤ・エレファント・パレス
Ayutthaya Elephant Palace

遺跡をバックにゾウと記念撮影

バンコク周辺のゾウ乗り体験施設では最大規模。建物2階分の高さがあるゾウの背中には階段で上り、ベンチシートに座って散策する。遺跡往復コースではワット・プラ・シー・サンペット、王宮跡のすぐ近くまで足を延ばす。遺跡の見晴らしのよさに気を取られて落っこちないように!

DATA 交アユタヤの観光案内所(→P105)から徒歩5分 住Pa Thong Rd.,Ayutthaya ☎035-321-982 時9〜17時 休なし ※荒天時は中止 E

ゾウの体調や気分で所要時間が変わるけど大目にみてね。

(ゾウ使いのヌンさん)

ゾウさんのヒザに乗って記念撮影(料金別途 B40)

How to ゾウ乗り

❶ チケットを買おう

まずはチケット売り場へ。コースを選んでチケットを買おう。支払いは現金のみなので要注意。

❷ ゾウさんにご対面

目の前にたくさんのゾウたちが! 時間があれば、餌やりにもトライしてみよう。

❸ いざ乗り場へ

乗り場を示す日本語の看板があるので安心。ゾウ使いにチケットを渡し、ゆっくりとゾウの背中に座ろう。

❹ エレファントライドスタート

B400のコースでは遺跡を眺めながらアユタヤを散策できる。ゾウからの景色を撮るのも忘れずに!

憧れの名門ホテルへご案内
贅沢な滞在を約束する
ラグジュアリー・ホテル

バンコクに来たなら一度は泊まってみたい、一流とよばれる名門ホテル。
タイならではの美しいインテリアと温かいホスピタリティが、ワンランク上の滞在を約束してくれる。

シーロム 別冊MAP P11C3

マンダリン オリエンタル
Mandarin Oriental, Bangkok

各国のVIPや王族も愛する
バンコクの象徴

1876年に開業し、街の繁栄と共に歩んできた歴史的ホテル。チャオプラヤー川沿いに立ち、創業当時の面影を残すオーサーズ・ウィング、ガーデン・ウィング、リバー・ウィングの3棟から成る。館内は美しいコロニアル調で、チーク材の家具やタイシルクなどが配された客室はクラシックな雰囲気。小説家のサマセット・モームなど、このホテルを愛した著名人たちの名が付けられたスイートルームは特に有名。

DATA 交BTSサパーンタクシン駅から徒歩15分 住48 Oriental Ave. ☎0-2659-9000(代) 料デラックスB2万9900〜 150室(一部改装中) J E R P F

＼ビジターでもOK!／

主な施設

サラ・リム・ナム(タイ料理＆伝統舞踊)
→P100
オーサーズ・ラウンジ(アフタヌーンティー、軽食)
→P50
オリエンタル・スパ(スパ)→P14
ヴェランダ(タイ＆インターナショナル料理)

1.客室は40㎡〜と広々 2.チャオプラヤー川を一望するバルコニー付きのスイートも人気 3.数々の著名人が宿泊したオーサーズ・ウィング 4.花と緑に彩られたロビーにも創業時の雰囲気が残る 5.客室アメニティはイギリスの「アロマテラピー・アソシエイツ」など 6.ホテルショップではオリジナル商品も購入できる。レモングラスのシャンプーB630など 7.チャオプラヤー川に面するガーデン

名門の歴史

1876年にバンコク初の西洋風ホテルとして開業。以降、作家ジョゼフ・コンラッドやシルク王ジム・トンプソンなど多くの著名人、各国の王族やVIPの定宿に。細やかなサービスでも知られ、世界でも常にトップクラスの評価を受けている。

映画の舞台にも

140余年続くホテルの歴史の中で初めて撮影が許可されたのが、辻仁成氏原作の映画『サヨナライツカ』(2010年)。主人公が暮らす部屋としてサマセット・モーム・スイートが使われたほか、オーサーズ・ラウンジ(→P50)など、全編を通じて美しい館内の映像が印象的。

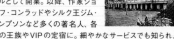

オークラ・プレステージ・バンコク
The Okura Prestige Bangkok

日本式の温かなおもてなし

日本を代表する老舗ホテルが、2012年にバンコクにオープン。「シンプリシティ＆エレガンス（清楚で優雅）」というオークラのコンセプトのもと、館内デザインは日本とタイのデザインを融合。日本料理の「山里」、市内を見下ろすスパなども揃い、細やかなサービスは日系ホテルならでは。

DATA 交BTSプルーンチット駅直結 住57 Wireless Rd. ☎0-2687-9000（代） 料B6500〜 240室 ⓊⒿⒺⓇⓅⒻ

1．スタイリッシュな高層ホテル。中空に浮かぶ屋外プールも人気 2．客室にはバスタブ、シャワートイレを完備

シャングリ・ラ
Shangri-La Hotel, Bangkok

きめ細やかなサービスと豪華な施設

チャオプラヤー川に面して立ち、世界の著名誌のホテルランキングでも常連。シャングリ・ラ・ウィングとクルンテープ・ウィングの2棟から成り、両棟ともチャオプラヤー川が一望できるリバービューの客室が人気。タイや中国料理のレストラン、スパなども市内屈指のレベルを誇っている。

DATA 交BTSサパーンタクシン駅から徒歩1分 住89 Soi Wat Suan Plu, New Rd. ☎0-2236-7777（代） 料デラックスB7750〜、デラックス・クルンテープ・バルコニーB1万750〜 802室 ⓊⒿⒺⓇⓅⒻ

1．客室はタイ様式でコーディネート 2．クルンテープ・ウィングにはチャオプラヤー川を見下ろすバルコニー付きの客室も

スコータイ
The Sukhothai Bangkok

スコータイ王朝の様式美が薫る

古代スコータイ王朝の宮殿をイメージし、全館に配されたスコータイ様式の建築やタイの美術品が優雅。客室も重厚なチーク材やタイシルクで統一され、タイらしい雰囲気を満喫できる。タイ料理の名店として知られる「セラドン」、自然に囲まれた「スパ・ボタニカ」など、館内施設も充実。

DATA 交BTSサラデーン駅から徒歩15分 住13/3 South Sathorn Rd. ☎0-2344-8888（代） 料スーペリアB6000〜 210室 ⓊⒿⒺⓇⓅⒻ

1．美しいシルクのリネンなどがかけられた客室 2．宿泊棟の合間にあるチェディ（仏塔）のオブジェはホテルの象徴

ペニンシュラ
The Peninsula Bangkok

全室リバービューで眺望抜群

香港に本拠地をもつ最高級ホテル。チャオプラヤー川に面して立つ37階建ての建物で、ロビーは開放的な吹抜けになっている。全ての客室から川を望むことができ、スタンダードでも46㎡と市内随一の広さ。テレビ付きのバスタブがある大理石のバスルームなど豪華な設備も備えている。

DATA 交BTSサパーンタクシン駅前のサトーン船着場から専用ボートで2分 住333 Charoen Nakorn Rd. ☎0-2020-2888（代） 料スーペリアB1万200〜 370室 ⓊⒿⒺⓇⓅⒻ

1．川岸でもひときわ目立つ高層ホテル。川に面したレストランやバーなども人気 2．木の家具などが重厚な雰囲気

目的に合わせてチョイス
人気のホテルリスト

観光都市、バンコクではホテルのタイプもバラエティ豊富。BTSの駅周辺や
チャオプラヤー川岸に世界的チェーンの大型ホテルが点在。

サイアム 別冊MAP P12A1　セントレジス
The St. Regis Bangkok

ニューヨークに本拠地をもつ
「貴族の邸宅」がコンセプトのラグジュアリー・ホテル。タイ風と現代調のインテリアが調和した館内は、客室もエレガントな内装でまとめられている。全室に専属のバトラー(執事)が常駐し、24時間体制であらゆる要望に応えてくれるのも、このホテルならでは。

DATA 交BTSラチャダムリ駅直結 住159 Ratchadamri Rd. ☎0-2207-7777(代) 料グランド・デラックスB1万200〜 229室 JERPF

↑15階のプールも眺望抜群
←大きな窓から緑や市街を一望。全室バスタブ付き

スクンビット 別冊MAP P18B1　ソフィテル・バンコク・スクンビット
Sofitel Bangkok Sukhumvit

フレンチテイストが漂うホテル
スクンビット通り沿いの好立地にある、フランス資本のホテル。床から天井まで届く大きな窓や寄せ木張りのフローリングなどを配した客室は、ゆったり広々。ルーフトップのフレンチレストラン「ル・アパート」、タイ初進出となる高級スパブランドの「ル・スパ」なども評判が高い。

DATA 交BTSアソーク駅、MRTスクンビット駅から徒歩5分 住189 Sukhumvit Rd. Soi 13-15 ☎0-2126-9999(代) 料ラグジュアリールームB6800〜 345室 ERPF

↑館内はモダンなフレンチスタイル →客室アメニティはフランスの「ロクシタン」

サイアム 別冊MAP P15C4　アナンタラ・サイアム
Anantara Siam Bangkok

優雅な内装とサービス
シルク張りの天井や美術工芸品、美しい庭園に彩られた、エレガントな館内。客室はモダン・タイ調。タイ料理の「スパイス・マーケット」やスパなどの施設も好評。

DATA 交BTSラチャダムリ駅から徒歩2分 住155 Ratchadamri Rd. ☎0-2126-8866(代) 料デラックスB6530〜 354室 JERPF

サイアム 別冊MAP P15C3　インターコンチネンタル
Intercontinental Bangkok

駅至近で広い客室が人気
BTSチットロム駅の目の前に位置。客室は一般的なデラックスルームでも45㎡と市内屈指の広さ。ブッフェが評判の「エスプレッソ」など、6軒のレストランが入る。

DATA 交BTSチットロム駅から徒歩1分 住973 Phloenchit Rd. ☎0-2656-0444(代) 料グランド・デラックスB6800〜 381室 JERPF

サイアム 別冊MAP P15D4　アテネ・ホテル・バンコク
The Athenee Hotel Bangkok

VIPも多い高級ホテル
大理石の床やクラシックなシャンデリアなどで飾られた館内は高級感が漂う。客室はアースカラーでまとめられ、シックな雰囲気。飲食店など施設も充実。

DATA 交BTSプルーンチット駅から徒歩3分 住61 Wireless Rd. ☎0-2650-8800(代) 料アテネ・ルームB7800〜 374室 JERPF

[マークの凡例] J日本語OK、E英語OK、Rレストラン、Pプール、Fフィットネスジム

ルネッサンス・バンコク・ラッチャプラソーン
Renaissance Bangkok Ratchaprasong

名門ホテル「マリオット」系列で、「タイ・コンテンポラリー」がテーマ。中国料理店「フェイ・ヤ」など3軒の飲食店が入る。
DATA 交BTSチットロム駅から徒歩3分 住518/8 Ploen Chit Rd. ☎0-2125-5000（代）料デラックスB 6400〜
323室

 スコソン
The Sukosol Bangkok

ビジネス客の多い都市型ホテルで、客室はシンプルかつ機能的。タイ料理、日本料理などのレストランが人気。
DATA 交BTSパヤタイ駅から徒歩6分 住477 Sri Ayutthaya Rd. ☎0-2247-0123（代）料デラックスB 3700〜 482室

 コンラッド
Conrad Bangkok

シルクや木を使った個性的な客室などが好評。ショッピングセンター「オール・シーズンズ・プレイス」に直結。
DATA 交BTSプルーンチット駅から徒歩5分 住87 Wireless Rd. ☎0-2690-9999（代）料デラックス・コーナーB 7200〜 387室

 シェラトン・グランデ・スクンビット
Sheraton Grande Sukhumvit, Bangkok

BTS駅直結でアクセス抜群。モダンな客室は最も一般的な「グランデ」でも45㎡と広々。日本人向けサービスも充実。
DATA 交BTSアソーク駅直結 住250 Sukhumvit Rd. ☎0-2649-8888（代）料グランデ・デラックスB 7050〜 420室

 ウェスティン・グランデ・スクンビット
The Westin Grande Sukhumvit

賑やかな大通り沿いにあるが、客室は10階以上で静か。全室にオリジナルベッド「ヘヴンリー・ベッド」が置かれ、快適。
DATA 交BTSアソーク駅、MRTスクンビット駅から徒歩1分 住259 Sukhumvit Rd. ☎0-2207-8000（代）料デラックスB 5500〜 362室

 JWマリオット
JW Marriott Hotel Bangkok

マリオットグループの最高級ホテル。全室シャワーブース付きで、日本のTV放送など日本人向けサービスが好評。
DATA 交BTSナーナー駅から徒歩5分 住4 Sukhumvit Rd.,Soi 2 ☎0-2656-7700（代）料デラックスB 6500〜 441室

 Wバンコク
W Bangkok

遊び心にあふれた空間が広がる、スタイリッシュなホテル。客室はタイの国技ムエタイをアクセントに取り入れるなどユニーク。
DATA 交BTSチョンノンシー駅から徒歩3分 住106 North Sathorn Rd. ☎0-2344-4000 料ワンダフルルームB 6250〜 403室

 クラウン・プラザ・バンコク・ルンピニ・パーク
Crowne Plaza Bangkok Lumpini Park

日本語スタッフなど、日本人向けサービスが充実。客室にはシャワーブース付き浴室などを備える。
DATA 交BTSサラデーン駅、MRTシーロム駅から徒歩3分 住952 Rama Ⅳ Rd. ☎0-2632-9000（代）料スーペリアB 6820〜 243室

 ル・メリディアン
Le Meridien Bangkok

全館スタイリッシュな内装。ガラス張りのバスルーム、タッチスクリーンのIP電話などの最新設備を備えた客室が快適。
DATA 交BTSサラデーン駅、MRTシーロム駅から徒歩7分 住40/5 Surawong Rd. ☎0-2232-8888（代）料ヴィスタ・ルームB 5600〜 282室

 バンヤン・ツリー
Banyan Tree Bangkok

60階建ての超高層ホテル。全室がスイート仕様。「ヴァーティゴ＆ムーン・バー」（→P55）なども人気。
DATA 交BTSサラデーン駅、MRTシーロム駅から徒歩15分 住21/100 South Sathon Rd. ☎0-2679-1200（代）料デラックスB 7500〜 327室

 ミレニアム・ヒルトン
Millenium Hilton Bangkok

チャオプラヤー川沿いに立ち、リゾートの雰囲気満点。12階吹抜けのロビーをはじめ、全室リバービューで開放的。
DATA 交BTSサパーンタクシン駅前のサートーン船着場から専用ボートで約5分 住123 Charoennakorn Rd. ☎0-2442-2000（代）料デラックスB 4600〜 533室

 ロイヤル・オーキッド・シェラトン・ホテル＆タワーズ
Royal Orchid Sheraton Hotel & Towers

チャオプラヤー川沿いに位置し、全室リバービュー。客室にはオリジナルベッドを設置。 DATA 交サトーン船着場から専用ボートで10分 住2 Charoen Krung Rd. Soi 30（Captain Bush Lane）☎0-2266-0123（代）料デラックスリバービューB 4800〜 726室

入出国の流れ

旅行が決まったら、入出国の流れを
まずチェック！ 万全の準備で空港へ。

[タイ入国]

入国の流れ

❶ 到着

タイの空の玄関口はスワンナブーム国際空港とドンムアン国際空港。飛行機を降りたら「ARRIVAL」の表示に従い、入国審査へと進む。

❷ 入国審査

外国人専用の「Foreign Passport」と書かれたカウンターに並び、順番が来たら記入済みの出入国カードとパスポートを審査官に提出する（帰国用の航空券やeチケットの提示を求められる場合もある）。顔写真を撮影された後、パスポートに入国スタンプが押され、出国カードと共に返却されたら審査終了。出国カードは出国時に必要となるのでなくさないようにしよう。

❸ 荷物受取所

乗ってきた飛行機の便名が表示されたターンテーブルを探し、日本で機内に預けた荷物を受け取る。万が一、荷物が出てこない場合や、スーツケースが破損していた場合は係員に荷物引換証（Claim Tag）を見せて、その旨を伝える。

❹ 税関

荷物が免税範囲なら申告なしの「Nothing to Declare」（緑のランプ）のゲートを通過して外へ出る。この際、係員に止められて荷物を開けさせられることも。免税範囲を超える場合は「Goods to Declare」（赤のランプ）へ進む。

❺ 到着ロビー

スワンナブーム国際空港の到着ロビーはターミナルの2階で、観光案内所や両替所がある。タクシーは1階、エアポート・レイル・リンクの乗り場は地下1階。

タイの入国条件

○ パスポートの残存有効期間

入国時に6カ月以上必要。

○ ビザ

30日以内の観光目的の滞在ならビザは不要。ただし、出国用の航空券やeチケットと滞在期間中の充分な資金（1人B1万相当以上）が必要。

液体物の機内持込み制限

機内持込み手荷物には液体物の持込み制限がある。100㎖以下の容器に入れ、1ℓ以下のジッパーのついた透明プラスチック製袋に入れれば1人1袋持込める。
詳細は国土交通省航空局のWEBサイト　URL www.mlit.go.jp/koku/03_information/を参照。

成田国際空港の出発ターミナル

成田空港では、利用する航空会社によって第1～3に旅客ターミナルが分かれる。全日本空輸（NH）、タイ国際航空（TG）は第1、日本航空（JL）、タイ・エアアジアX（XJ）、スクート（TR）、ノックスクート（XW）は第2に発着する。

入国時の持込み制限

○ 主な免税範囲
（成人1人当たり）

● アルコール…合計1ℓまで。
● タバコ…200本（または250g）まで。※タバコの持込みおよび所持に対する取り締まりが強化され、違反者は高額な罰金を科される。
● カメラ、ビデオカメラ…各1台。フィルム5本、ビデオテープなど3本。
● 外貨…持込み・持出し共にUS$1万5000相当以上は要申告。現地通貨の持出しはB5万までだが、ベトナムなど近隣諸国への持出しはB45万まで。

○ 主な持込み禁止品・制限品

● 麻薬、ポルノ、動物・植物の一部および関連製品、電子タバコ、加熱式タバコ、水タバコは輸出入を禁止されている。
● 火器、弾薬、爆発物、仏像、古器および骨董品などの輸出入には政府関係機関による許可が必要。

info パスポートの申請についてはPassport A to Z（外務省）URL www.mofa.go.jp/mofaj/toko/passport/index.htmlを参照。

[タイ出国]

出国の流れ

① チェックイン

空港には出発時刻の2～3時間前には到着を。出発ロビーでは利用する航空会社のパスポートと航空券(eチケット控え)を提示。スーツケースなどの荷物を預け、荷物引換証(Claim Tag)と搭乗券を受け取る。

> VAT払戻し(→P122)の申請をする場合、荷物を預ける前に書類にスタンプをもらい、出国審査前に税関で行う

② 手荷物検査

「Passport Control」へ進み、係員に搭乗券とパスポートを提示して中へ。機内に持ち込む手荷物をX線に通す。日本同様、液体物の持込みに制限があるので注意。

③ 出国審査

パスポートと搭乗券、出国カードを係官に提出。顔写真の撮影後、出国スタンプを押してもらい、パスポートと搭乗券を受け取る。

④ 搭乗

出発フロアは広く、歩いての移動が大変。搭乗予定時間に余裕をもってゲートに向かおう。フロアは免税店や飲食店が充実している。VAT払戻しを申請した場合は、搭乗までに還付金の受取りを忘れずに。

日本帰国時の注意

○ **主な免税範囲**
（成人1人当たり）

- **酒類**…3本 1本760㎖のもの。未成年者の免税はなし。
- **たばこ**…紙巻きたばこ400本、または葉巻たばこ100本、または加熱式たばこ個装など20個、またはその他のたばこ500gまで。
- **香水**…2オンス(1オンスは約28㎖)。オーデコロン、オードトワレは含まない。
- **その他**…1品目ごとの海外市価の合計額が1万円以下のもの全量。その他は海外市価の合計額20万円まで(1個で20万円をこえる品物は全額課税。)

○ **主な輸入禁止品**
麻薬、大麻、覚醒剤、銃砲弾及びけん銃部品、爆発物や火薬、貨幣・紙幣または証券の偽造・変造・模造品、わいせつ物、偽ブランド品など。

○ **主な輸入制限品**
ワシントン条約に該当する物品。対象物を原料とした漢方薬、毛皮・敷物などの加工品も同様。ワニ、ヘビなどの革製品、象牙、はく製、ラン、サボテンなどは特に注意。

○ **動植物**
土付きの植物、果実、切り花、野菜、ハム、ソーセージといった肉類などは検疫。チーズなど乳製品はおみやげや個人消費で10kg以下(飼料用除く)ならば検疫不要。

○ **医薬品・化粧品など**
個人が自ら使用するものでも数量制限がある。医薬品及び医薬部外品は2カ月以内(外用剤は1品目24個以内)化粧品は1品目24個以内。

※詳細は税関 URL www.customs.go.jpを参照

出国カードの記入例

❶姓 ❷名(ともにローマ字の大文字で) ❸生年月日(日・月・西暦) ❹パスポート番号 ❺国籍(JAPAN) ❻タイからの出国便名 ❼パスポートと同じ署名

日本から直行便のある航空会社

日本(成田)～バンコクの所要時間(飛行時間)は5時間40分～7時間30分。成田国際空港、羽田空港、関西国際空港、中部国際空港、福岡空港、新千歳空港、那覇空港から直行便が出ている。

航空会社	問合せ先
タイ国際航空(TG)	☎0570-064-015 URL www.thaiairways.com/ja_JP
全日本空輸(NH)	☎0570-029-333 URL www.ana.co.jp
日本航空(JL)	☎0570-025-031 URL www.jal.co.jp
タイ・エアアジア X (XJ)	☎050-6864-8181 URL www.airasia.com/ja/jp
ピーチ・アビエーション (MM)	☎0570-001-292 URL www.flypeach.com
スクート(TR)	☎03-4589-9464 URL www.flyscoot.com/jp
ノックスクート(XW)	☎03-4589-9464 URL www.nokscoot.com/jp/

空港から
バンコク中心部への交通

スワンナプーム国際空港からバンコク市内へはエアポート・レイル・リンクの
利用が便利。ほかにはタクシー、リムジン・タクシーの交通手段がある。

スワンナプーム国際空港
Suvarnabhumi International Airport

ユニークなオブジェが点在

バンコク都心部から約30km東にある国際空港。著名なドイツ人建築家ヘル
ムート・ヤーン氏の設計による斬新なデザインが特徴。空港内の主な施設は
以下。詳しい情報は [URL] airportthai.co.th/en/を参照。

◯ 両替所
1階を除く各階にあり、24時間営業。両替
レートは市内の銀行とほぼ同じ。また、両
替所の横などにATMがある。キャッシン
グもできるが、1回ごとに手数料がかかる。

SCB銀行

◯ 旅の最後にマッサージ
4階とゲートA・Gの3カ所にタ
イマッサージ店のチャーン・
スパがある。60分B800〜。

◯ フードコート
1階北端にあるクーポン
式食堂。タイ料理がひと
とおり揃う。安くて早い
ので便利。

◯ 有名ショップ&レストラン
出国審査後の免税エリアには、タイシ
ルクのジム・トンプソン(→P70)など有
名ショップが入っている。タイ各地の名
産品を集めたOTOP(Thailand One
Tambon One Product)もおすすめ。

ジム・トンプソン

スワンナプーム国際空港

[2階] 到着フロア

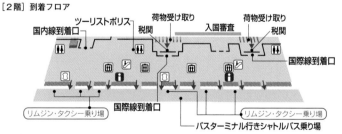

ツーリストポリス　荷物受け取り　荷物受け取り
国内線到着口　　税関　　入国審査　　税関
　　　　　　　　　　　　　　　　　　国際線到着口
リムジン・タクシー乗り場　　　　　リムジン・タクシー乗り場
　　　　国際線到着口
　　　バスターミナル行きシャトルバス乗り場

[1階] タクシー乗り場、フードコート

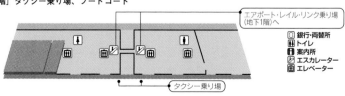

エアポート・レイル・リンク乗り場
(地下1階)へ

🏦 銀行・両替所
🚻 トイレ
ℹ️ 案内所
↗ エスカレーター
🛗 エレベーター

タクシー乗り場

info　パヤタイ駅のタクシースタンドにタクシーがいないときは、警備員が呼んでくれる事もあるので聞いてみよう。
また、夜は大通りまで歩けば流しのタクシーが拾える。白タクがいても乗らないように。

スワンナブーム国際空港からバンコク中心部へ 交通早見表

交通機関	特徴	料金(片道)	所要時間	運行時間	問合先
エアポート・レイル・リンク 安い	各駅停車。マッカサン駅など8駅に停まり、BTSパヤタイ駅に接続する。渋滞の心配がなくスムーズに移動でき、最も安く市内へ行ける。ただし、ラッシュ時は車内が満員になるうえ、パヤタイ駅のホームにも人があふれるので、大きな荷物を持って移動するのが大変。	B15〜45	パヤタイ駅まで約25〜30分	6〜24時、12〜15分間隔	タイ国鉄 ☎1690 (コールセンター、24時間) URL srtet.co.th
タクシー	1階のタクシー配車自動発券機の出力紙に書かれたタクシーに乗り込む。バンコク市内へはメーター制初乗りB35)。直接ホテルに向かえるため楽だが、代金を多めに請求するような運転手に当たることもある。	メーター＋B50(空港利用料)＋高速料金。中心部へはB300〜400程度	40〜60分(渋滞時は1時間以上)	24時間	なし
リムジン・タクシー	2階到着フロア数カ所にあるチケット売り場で行き先と利用する車種を告げて申し込む。料金は行き先と車種により異なる。高いが、その分丁寧なサービス＆運転で安心。	車種と距離によって異なるが、高速料金込みでB850〜	40〜60分(渋滞時は1時間以上)	24時間	タイ空港公社(AOT) ☎0-2134-2323〜4 URL www.aot-limousine.com

［ ドンムアン国際空港 ］
Don Mueang International Airport

成田空港や関西国際空港などから就航しているタイ・エアアジアXやスクートなどのLCCエアラインは、おもにドンムアン国際空港を発着する。空港から市内への交通はタクシー利用。道路の混雑時は1時間以上かかる場合もあるので、帰国の際は余裕を持って空港に向かおう。

交通機関	特徴	料金(片道)	所要時間	運行時間	問合先
タクシー	1階のタクシー乗り場で、配車自動発券機の出力紙を取り、順番がきたらカウンターで目的地を伝えてタクシーに乗り込む。混雑時は、発券機は使われず直接並ぶ。バンコク市内へはメーター制(初乗りB35)。ラッシュ時に高速道路(有料)を使うか聞かれた場合は使うのがよい。	メーター＋B50(空港利用料)＋高速料金(B50〜80程度)。中心部へはB300程度	約60分(渋滞時は1時間以上)	24時間	なし

info 空港内には2時間無料のWi-Fiが設けてある。アクセスポイント「AirportTrueFreeWiFi」があるところで、スマートフォンやタブレットなどから登録可能。

旅のキホン

通貨や季節など現地情報を事前にチェック！
電話のかけ方やインターネット事情も
覚えておくと便利。

［ お金のこと ］

タイの通貨単位はバーツ（B）。
補助単位はサタン（S）でB1＝S100。

紙幣・硬貨の種類

B1＝約3.5円
（2020年2月現在）

いずれの紙幣、硬貨にも国王の肖像画が描かれている。タイでは2016年にラーマ10世が即位し、新硬貨および新紙幣への移行を始めたため、現在、市場には新旧両方の紙幣・硬貨が出回っている。

B20	B50	B100

B500	B1000

S50	B1	B2	B5	B10

※硬貨には上記のほか、S25硬貨もある。

両替

一般に銀行のレートがよく、ホテルは割高とされる。銀行による両替所は手数料・レートが統一されており、どこもほぼ一緒。両替の際はレシートにサインを求められる。ただし海外で多額の現金を持ち歩くのはキケンなので、カードでATMから必要な現金を引き出すのが安全で便利。空港と銀行での両替にはパスポートの提示が必要。

空港	銀行	街なかの両替所	ホテル	ATM
1階以外の各階に両替所がある。レートは街なかとほとんど変わらない。24時間営業なのも便利。	営業時間が短く、土・日曜、祝日が休みになる。ショッピングセンター内の支店には休まない所も多い。	銀行のブースがほとんど。BTSサラデーン駅近くのタニヤ通りなど若干レートがいい両替商が市内にいくつかある。	レートはよくないが、フロントで24時間両替できるので安全かつ便利なのが利点。宿泊客のみ対応の場合が多い。	いたるところにあり、24時間利用可能。ただし、1回ごとに手数料がかかる。レートはあまりよくない。

クレジットカード＆ATM

クレジットカードは、中級以上のホテルやレストラン、デパートなどでは使えるが、屋台や食堂、交通機関などは現金のみのところも多い。ATMを上手に活用して、必要な現金を引き出すと便利。多額の現金を持ち歩くと、紛失や盗難のリスクも高くなるので、現金は最小限に。クレジットや国際デビットカード、海外専用トラベルプリペイドカードなどで、現地通貨を引き出すことが可能。手数料（1回B220）がかかるが、両替するより手間がかからず、操作も簡単なのでおすすめ。また、24時間利用可能なものも多く、日本語で操作できるATMもある。銀行窓口でのキャッシングは手数料がかからないが、営業時間が短いため、使いづらい。

ATMお役立ち英単語集

暗証番号	PIN/ID CODE/SECRET CODE/PERSONAL NUMBER
確認	ENTER/OK/CORRECT/YES
取消	CANCEL
取引	TRANSACTION
現金引出	WITHDRAWAL/GET CASH
キャッシング	CASH ADVANCE/CREDIT
金額	AMOUNT

 info 国際キャッシュカードはSMBC信託銀行のプレスティア、Visaデビットカードは三井住友銀行や楽天銀行、りそな銀行などが発行している。また、海外プリペイドカードはVisaやJTBが発行している。

［ 季節のこと ］

主な祝祭日

1月1日	……………	元日
2月8日	……………	マカブーチャ(万仏節)★
4月6日	……………	チャックリー王朝記念日
4月13〜15日	………	ソンクラーン(タイ旧正月)
		※地域により異なることがある
5月1日	……………	レイバーデイ
5月4日	……………	戴冠記念日
5月6日	……………	ヴィサカブーチャ(仏誕節)★
7月5日	……………	アサラハブーチャ(三宝節)★
7月6日	……………	カオパンサー(入安居)★
7月28日	…………	ラーマ10世国王生誕日
8月12日	…………	シリキット王太后生誕日
10月13日	………	ラーマ9世記念日
10月23日	………	チュラローンコーン大王記念日
12月5日	…………	ラーマ9世生誕日
12月10日	………	憲法記念日
12月31日	………	大晦日

主なイベント

1月下旬〜2月中旬	…	春節祭(中国旧正月)★
(2020年は1月25日〜)		
6〜8月ごろ	…………	アメージングタイランド・
		グランドセール
9〜10月ごろ	………	菜食週間
		(ベジタリアン・フェスティバル)
10月ごろ	…………	オークパンサー(出安居)★
11月1日	…………	ロイクラトン(灯篭流し)★
12月中旬	…………	ビッグ・マウンテン・
		ミュージック・フェスティバル
12月24日	………	クリスマス・イブ

★印の祝祭日やイベントの日程は年によって変化する。(祝祭日は2020年1月〜2020年12月の場合)。土・日曜と祝祭日が重なった場合、前日または翌日が振替休日となる。

ロイクラトンのパレード

気候とアドバイス

暑季 3〜5月
一年で最も暑く、日中の気温は40℃前後になる。日射病対策に帽子は必須。こまめな水分補給も忘れずに。

雨季 6〜10月
日によっては激しいにわか雨(スコール)が降るが、晴れや曇りの時も多い。日本の夏の服装で。雨具の用意を忘れずに。

乾季 11〜2月
日中は日本の真夏並みだが、12月になると朝晩に肌寒さを感じることも。観光のハイシーズンにあたり、ホテルの料金は11月を境に上がることが多い。

平均気温&平均降水量

※気温・降水量は理科年表による

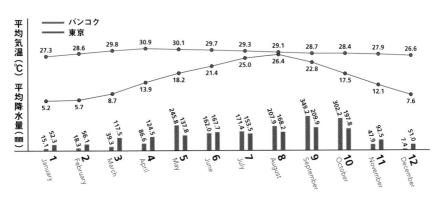

平均気温(℃) / 平均降水量(mm)

凡例: ┈┈ バンコク ── 東京

バンコク 平均気温:
1	2	3	4	5	6	7	8	9	10	11	12
27.3	28.6	29.8	30.9	30.1	29.7	29.3	29.1	28.7	28.4	27.9	26.6

東京 平均気温:
1	2	3	4	5	6	7	8	9	10	11	12
5.2	5.7	8.7	13.9	18.2	21.4	25.0	26.4	22.8	17.5	12.1	7.6

降水量(バンコク／東京):
月	バンコク	東京
1 January	15.1	52.3
2 February	18.3	56.1
3 March	39.3	117.5
4 April	86.6	124.5
5 May	243.8	137.8
6 June	162.0	167.7
7 July	171.4	153.5
8 August	207.9	168.2
9 September	349.2	209.9
10 October	302.2	197.8
11 November	47.9	92.5
12 December	7.4	51.0

info タイ正月のお祭り「ソンクラーン」はいわゆる水かけ祭り。水をかけ合って新年を祝うが、近年は若者を中心にエスカレートする傾向にあるので注意しよう。

[電話のこと]

国際電話のかけ方

タイから日本へかける方法は、国際直通ダイヤルとKDDIスーパーワールドカードを使い日本の電話会社を利用する方法がある。ホテルの客室からかけると手数料がかかる。

タイ国内電話

タイでは市外局番がないので番号をそのまま押す。ホテルの客室電話からの場合は外線番号を押してから、相手の電話番号を押す。通話に手数料がかかることもある。

タイ→日本

○ 直通ダイヤル

国際電話識別番号		日本の国番号		最初の0を省く
001	+	81	+	相手の電話番号

＊例えば(03)-1234-5678にかける場合、001-81-3-1234-5678とダイヤルする

○ 日本の電話会社を利用　KDDIスーパーワールドカードを利用する。KDDIスーパーワールドカードは、海外で利用できるプリペイド式のカードで、日本国内のコンビニエンスストアやauショップなどで販売。料金は500円～。

アクセス番号			
011-800-811-0110 または 1-800-0081-99	+	81#カード番号#	+	相手の電話番号 #

日本→タイ（固定電話）

		国際電話識別番号		タイの国番号		最初の0を省く(一部例外あり)
電話会社の識別番号[1]	+	010	+	66	+	相手の電話番号

＊1 マイラインやマイラインプラスに登録している固定電話の場合は不要。登録していない場合は、KDDI…001、NTTコミュニケーションズ…0033、ソフトバンク…0061などをはじめに押す

[インターネットのこと]

街なかで

カフェやレストランでは無料Wi-Fiが利用できる所が多い。店内や入口にある「Free Wi-Fi」の看板やステッカーが目印。店員にIDやパスワードをもらおう。

無料Wi-Fiのステッカー

ホテルで

ほとんどのホテルでWi-FiやLANケーブルでの接続サービスがあり、自分のパソコンやスマートフォンを持参すれば使える。ただし高級ホテルでは有料(しかも高額)の場合が多い。ビジネスセンターやロビーに無料で使えるパソコンを設置しているホテルもある。

[郵便のこと]

はがき・封書

タイから日本まで航空便の場合、通常7～10日で届く。料金は、ハガキがB15、封書が10gまでB14(以降10gごとにB5が追加され最大2kgまで)。宛先は「JAPAN」「AIR MAIL」のみローマ字で書けば、ほかは日本語でOK。街なかにポストは少ないので、直接郵便局に持ち込むかホテルのレセプションに頼むとよい。

タイ郵便 (Thailand Post Co.,Ltd.)
URL www.thailandpost.co.th/

小包・宅配便

小包(国際EMS)なら3～5日(航空便)で届き、料金は1kgまでB780(以降1kgごとにB230追加)。郵便局で小包を送る場合はパスポートの提示が必要。

DHLは東京23区と大阪市内なら1～2日で、そのほかの地域は1～5日で配達。東京に送る場合、ジャンボ・ジュニア・ボックス(10kgまで)がB4775.95程度、ジャンボ・ボックス(25kgまで)がB6287.32程度。

DHL ☎0-2345-5111　URL www.dhl.co.th/

info　海外で携帯電話やスマートフォンを使う際は利用料金に注意。使わない時はパケット通信を切るか、海外用定額サービスの利用を。使っている携帯電話の機種や契約によって海外での使用方法はいろいろ。事前に確認して自分に合った設定や海外プランなどに加入しよう。

そのほか知りたいこと

飲料水

水道水は飲料しないほうがよい。たいていのタイ人はミネラルウォーターや飲用水を買って飲んでいる。コンビニにはさまざまなブランドの水が売られているが、日本でもおなじみのエビアンやボルビックは国産の水に比べると数倍高い。

タイ国産
ブランド

トイレ

トイレのマークは
日本とほとんど同じ

公衆トイレはほとんどないので、ショッピングセンターやホテルのトイレを利用しよう。なかには有料のトイレも(B2〜5)。紙がないトイレもあるので、ティッシュを用意しておくのが吉。なお、使用済みの紙は流さずに、脇の小さなゴミ箱に捨てる。ゴミ箱がなければ、そのまま流しても問題ない。

ビジネスアワー

バンコクでの一般的な営業時間帯。店によって異なる。

ショッピングセンター
㊙10〜22時
レストラン
㊙11〜15時、17〜23時
銀行
㊙9〜15時 ㊡土・日曜(ショッピングセンター内は10〜19時くらい ㊡なし)
マッサージ
㊙10〜22時(最終受付)
スーパーマーケット
㊙9〜22時くらい

電圧とプラグ

電圧は220V、周波数は50Hzで日本と異なる。日本製品は変圧器が必要だが、変圧器内蔵製品はそのまま使える。プラグはBFタイプと丸棒2本のCタイプ、日本と同じAタイプの3種類がある。

BFタイプ	Cタイプ	Aタイプ

サイズの目安

タイ製品はアメリカやヨーロッパなどのサイズ表示が混在し、ブランドによってもさまざま。フリーサイズの表示も多く、S〜XL表示は店によってサイズがバラバラなので、購入前に試着するのがおすすめ。

○ レディスファッション

		日本	7	9	11	13	15
洋服	米国	4	6	8	10	12
	欧州	36	38	40	42	44
靴	日本	22.5	23	23.5	24	24.5
	米国	5.5	6	6.5	7	7.5
	欧州	36	36	37	37	38

○ メンズファッション

		日本	S	M	L	-	-
洋服	米国	34/36	38/40	42/44	-	-
	欧州	44/46	48/50	52/54	-	-
靴	日本	24.5	25	25.5	26	26.5
	米国	6 ½	7	8	9	10
	欧州	39	40	41	42	43

※上記サイズ比較表はあくまで目安。メーカーなどにより差があるので注意。

物価はどのくらい?

ミネラルウォーター(500㎖) B9〜

マクドナルドのハンバーガー B29〜

スターバックスのカプチーノ B90〜

生ビール(1パイント) B170〜B220

タクシー初乗り B35〜

info タイの洋服は安くて個性的なデザインが多いが、その分、縫製ミスも多い。糸のほつれや生地のよれ具合、細かな汚れなどをよく確かめてから購入しよう。

観光

王室には敬意を

タイには不敬罪があり、王様や王族に対して侮辱的なふるまいをすると外国人でも罰せられる。冗談でもからかうようなことはしないように。

あいさつ

日本のおじぎに当たるしぐさとして、タイには「ワーイ」(合掌)がある。これは胸の前で手を合わせる動作で、相手に敬意や感謝を示すあいさつ。入退店時などに店員からワーイされたら、微笑みながらワーイを返すのが礼儀。なお、ワーイは目下の者から先にするもの。客から進んでワーイをすると、スタッフはびっくりすることも。

ワーイのポーズ

タバコ事情

タイではホテルやレストランを含む屋内など公共の場での喫煙が固く禁じられている。違反者には最高B2000の罰金が科せられる。吸う時は喫煙所を探そう。レストランなどではまず店員に確認を。

女性は僧侶に触れてはいけない

僧侶は戒律で女性に触れてはいけないとされている。また、人目に触れない場所で二人きりになるのもNG。もし戒律を破ると、修行で積み上げた徳(ブン)が消えたと見なされてしまう。人混みですれ違う時は触れないように注意しよう。

子どもの頭をなでない

人の頭は精霊が宿る神聖な場所とされているので、子どもでも頭をなでないように。また、反対に足の裏は不浄な場所とされており、仏像や僧侶、目上の人に向けるのはタブー。人をまたいで越すのもダメ。

グルメ

支払い

レストランの多くは、メニューの料金に加えてサービス料(10%)、VAT(付加価値税、7%)が会計時に加算される。メニューの端に英語で注意書きがあるか、金額の後ろに「++」と書かれているのがこの意味。サービス料を含まないレストランでは支払い後に料金の10%程度をチップとしてテーブルに置くのがスマートとされている。ローカルな食堂や屋台などでは不要。

ショッピング

ニセモノ注意

ブランド品の精巧な偽物が出回っているので注意。また路上の屋台などではCDやDVDの違法コピーが売られている。どちらも日本への持込みは禁止。

付加価値税の払い戻し

商品やサービスの購入時には7%のVAT(付加価値税)がかかるが、外国人が規定の額の買物をした場合、出国時にVATの払戻し(REFUND)が受けられる。

払戻しの条件

- 「VAT REFUND FOR TOURISTS」加盟店で、1店舗につき1日B2000以上の買物をする。商品は出国まで未使用であること。
- 購入時に店でパスポートを提示し、「VAT払い戻し申請書(P.P.10)」と「税金請求書(TAX Invoice)」を発行してもらう。
- 購入日から60日以内に出国し、払戻しの申請を本人が行うこと。

空港での手順

出国審査後のVAT払い戻しカウンター

チェックインの前に税関(Custom Inspection for VAT REFUND)へ行き、カウンターで上記の書類とパスポート、航空券、未使用の購入品を提示して税関職員にスタンプをもらう。出国審査後にあるVAT払い戻しのカウンターで再度書類を提示すると還付金が受け取れる。払戻しには手数料がかかる。

ホテル

チップ

宿泊代にはサービス料(10%)とVAT(7%)が含まれているが、ポーターやハウスキーパーにB20〜を渡すのが一般的。

チェックイン/チェックアウト

チェックインは14時、チェックアウトは12時が一般的。早めに到着した場合はフロントへ行き、チェックインできるか確認を。入れない場合でも荷物を預けられる。また、レイトチェックアウトは原則有料だが、部屋の空き具合で融通をきかせてくれることも。

［トラブル対処法］

病気になったら

ためらわずに病院へ。どうしたらいいかわからない場合はホテルのフロントで医師の手配を頼むか、参加したツアー会社や加入している保険会社の現地デスクに連絡すれば、病院を紹介してくれる。バンコクの大きな私立総合病院には日本人や日本語のわかるスタッフがいる。治療費が高額なので旅行保険に入っておいたほうが安心。また、日本から使いなれた薬を持参しておくといい。

盗難・紛失の場合

パスポート

警察署で盗難・紛失届証明書を発行してもらい、現地の日本国大使館で失効手続き後、「帰国のための渡航書」の発給を申請。①渡航書発給申請書②紛失一般旅券等届出書③警察署発行の「盗難・紛失届証明書」④写真2枚（縦4.5cm×横3.5cm、6カ月以内に撮影）⑤6カ月以内に発行の戸籍謄本（抄本）など日本国籍を証明する書類⑥帰りの航空券（eチケット控え）を、手数料とともに提出。原則として約3時間かかる。紛焼失による新規発給もできるが、原則として4日間かかる。

クレジットカード

不正使用を防ぐため、まずカード会社に連絡し、カードを無効にしてもらう。その後はカード会社の指示に従おう。

安全対策

見知らぬ人を安易に信用しない

気安く日本語や英語で話しかけてきたり、親切にしてきたりしても無条件に信用しないこと。食事や酒に誘われても気軽についていかないように。

荷物には常に注意を払う

貴重品は身につけておくのが最も安心。バッグは本体を体の前で抱え、ファスナー部分に手を添えておく。特に地下鉄やバスに乗っている時は、バッグは抱えて持つようにしよう。また、駅やホテルのフロント、両替所などで係員とやりとりしている時はバッグは絶対床に置かないように。

人ごみでは気を引き締める

犯罪が多く発生しているのは、鉄道駅周辺や地下鉄、大きな広場、観光名所など観光客が集まる地域。駅周辺では長居せず、観光名所では特に荷物に注意するようにしよう。暗くなってからの単独行動は極力避けること。特に人通りの少ない通りは絶対に歩かないようにしよう。

行く前にチェック！

外務省海外安全ホームページで、渡航先の治安状況、日本人被害の事例を確認できる。
URL www.anzen.mofa.go.jp/

便利電話帳

○ バンコク

在タイ日本国大使館
⊕ 177 Witthayu Rd., Lumphini, Pathum Wan, Bangkok 10330 ☎0-2207-8500（代表）、0-2207-8502（邦人援護）
🕐8時30分～12時、13時30分～16時
㊡土・日曜、祝日、休館日 URL www.th.emb-japan.go.jp/
MAP 別冊P12A3
警察☎191 消防☎199 ツーリストポリス☎1155

○ 日本

在東京タイ王国大使館
⊕ 東京都品川区上大崎3-14-6 ☎03-5789-2433
URL site.thaiembassy.jp/jp/

タイ王国大阪総領事館
⊕ 大阪府大阪市中央区久太郎町1-9-16 バンコク銀行ビル4階 ☎06-6262-9226～7
URL www.thaiconsulate.jp/

タイ王国名古屋名誉総領事館
⊕ 愛知県名古屋市中区錦3-6-29 興和ビル1階 ☎052-963-3451 URL www.nagoya-thaiconsulate.jp/

政府観光庁
タイ国政府観光庁（TAT）
東京 ☎03-3218-0355 大阪 ☎06-6543-6654～5
URL www.thailandtravel.or.jp/

○ 主要空港

成田国際空港インフォメーション ☎0476-34-8000
東京国際空港ターミナル インフォメーション（羽田空港）☎03-6428-0888
関西国際空港案内センター ☎072-455-2500
セントレアテレホンセンター（中部国際空港）☎0569-38-1195

○ クレジットカード会社

アメリカン・エキスプレス・カード・グローバル・ホットライン
☎65-6535-2209（コレクト・コール／24時間）

JCB紛失・盗難受付デスク
☎001-800-81-10036（トールフリー／24時間）

Visaグローバル・カスタマー・アシスタンス・サービス
☎001-800-441-1255（トールフリー／24時間）

マスターカード グローバル・サービス
☎001-800-11-887-0663（トールフリー／24時間）

---

info 盗難などの被害を最小限にするために、パスポートやクレジットカード、現金などは何カ所かに分けて管理するのがおすすめ。いざというときに備えて、滞在先ホテルの電話番号をメモしておくと安心。

持ち物ＬＩＳＴ ♥♥

手荷物に入れるもの

□ パスポート　　　　　□ バッテリー（モバイル、カメラ）　□ ハンカチ・ティッシュ

□ クレジットカード　　□ Wi-Fiルーター　　　　　　　　□ メガネ

□ 現金　　　　　　　　□ 筆記用具　　　　　　　　　　　□ リップバーム（リップクリーム）

□ カメラ　　　　　　　□ ツアー日程表　　　　　　　　　□ ストール/マスク（必要な人のみ）
　　　　　　　　　　　（航空券/eチケット控え）

□ 携帯電話　　　　　　　　　　　　　　　　　　　　※液体やクリーム類はジッパー付透明袋に入れる

- -

スーツケースに入れるもの

□ くつ　　　　　　　　□ スリッパ　　　　　□ 折りたたみ傘

□ 衣類　　　　　　　　□ 常備薬　　　　　　□ 虫よけスプレー

□ 下着類　　　　　　　□ コンタクト　　　　□ サングラス
　　　　　　　　　　　　レンズ用品

□ 歯みがきセット　　　　　　　　　　　　　□ 帽子

□ 洗顔グッズ　　　　　□ 生理用品　　　　　□ 顔写真とパスポートのコピー

□ コスメ　　　　　　　□ 変換プラグ
　　　　　　　　　　　　変圧器、充電器、
□ 日焼け止め　　　　　　充電池

□ バスグッズ　　　　　□ エコバッグ

> 歩きやすい
> シューズ以外に、
> お出かけシューズも
> あると便利

> 食事時に
> 財布や携帯だけ
> を持ち歩けるミニ
> バッグもあると
> 重宝する

※リチウム電池またはリチウムイオン電池はスーツケースなど預け入れ荷物に入れることができない。携帯電話充電用のバッテリーなどは注意。詳しくは国土交通省のサイトを参照 URL www.mlit.go.jp/koku/15_bf_000004.html

MEMO

パスポートＮｏ.
_____

パスポートの発行日　　　　　　　年　　　　　　月　　　　　　日
_____

パスポートの有効期限　　　　　　年　　　　　　月　　　　　　日
_____

ホテルの住所
_____

フライトNo.（行き）
_____

フライトNo.（帰り）
_____

出発日　　　　　　　　　　　　　　　　帰国日
　　年　　　　月　　　　日　　　　　　　　年　　　　月　　　　日

Index

観光スポット

レストラン・カフェ

↑ □行きたい場所に✓を入れましょう　■行った場所をぬりつぶしましょう

物件名	ジャンル	エリア	ページ	別冊MAP
□ トンクルアン	タイ料理	トンロー	P 31	P20A1
□ ナラ	タイ料理	サイアム	P 30	P15C3
□ ネクスト・ツー・カフェ	ブッフェ	シーロム	P 49	P11C4
□ バーデン	スイーツ	スクンビット	P 26	P19D2
□ バーム・キュイジーヌ	タイ料理	トンロー	P 47	P20A1
□ バーン・カニタ@53	タイ料理	トンロー	P 47	P20A3
□ バーン・カニタ・バイ・ザ・リバー	タイ料理	アジアティーク	P 62	P4B4
□ バーン・クワン	スイーツ	バンコク南東部	P 27	P5D4
□ バイ・ブア・シーロム	タイ料理	シーロム	P 95	P17C1
□ バラニー	タイヌードル	スクンビット	P 40	P19C1
□ バンイン・カフェ&ミール	カフェ	スクンビット	P 64	P18B2
□ バーン・クン・メー	海鮮料理	サイアム	P 34	P14B3
□ ビア21フード・ターミナル	フードコート	スクンビット	P 44	P18B2
□ ビーオー	タイ料理	サイアム	P 31	P7D3
□ ビッグCフード・パーク	フードコート	サイアム	P 45	P15C3
□ プアンゲーオ	タイ料理	スクンビット	P 91	P19C2
□ フード・プラス	屋台街	サイアム	P 42	P14B3
□ ブッサラカム	宮廷料理	シーロム	P 46	P16A4
□ プラチナム・ファッション・モール・フード・センター	フードコート	サイアム	P 44	P15C2
□ ブルー・エレファント	タイ料理	シーロム	P 47	P16A4
□ ブルー・ダイ・カフェ	カフェ	トンロー	P 52	P20A3
□ ボーラン	タイ料理	トンロー	P 93	P20A3
□ マンゴー・タンゴ	スイーツ	サイアム	P 27・28	P14B3
□ マンゴー・ツリー	タイ料理	シーロム	P 47	P16B2
□ ミン・ヌードル	タイヌードル	シーロム	P 40	P17D2
□ メイク・ミー・マンゴー	スイーツ	王宮周辺	P 26	P21C3
□ ヤワラート通り	屋台	チャイナタウン	P 43	P10B1
□ ルアン・ウライ	タイカレー	シーロム	P 32	P17C1
□ ルアントン	タイ料理	シーロム	P 36	P17C1
□ ルンピニ公園屋台街	屋台街	シーロム	P 43	P12A2
□ ルン・ルアン	タイヌードル	スクンビット	P 41	P19C4
□ レム・チャロン・シーフード	海鮮料理	サイアム	P 35	P14B3
□ ロースト	カフェ	スクンビット	P 53	P19C3
□ ローカル	タイ料理	スクンビット	P 30	P19C1
□ ロットニヨム	タイ料理	アジアティーク	P 62	P4B4
□ ロスニョム	タイヌードル	シーロム	P 95	P17D2
□ ロビー・サロン（Ｈスコータイ内）	アフタヌーンティー	シーロム	P 51	P17D3
□ ロビー・ラウンジ（Ｈシャングリ・ラ内）	アフタヌーンティー	シーロム	P 51	P11C3
□ ワンス・アポン・ア・タイム	タイカレー	シーロム	P 32	P15C1
□ アーブ	ホームスパ用品	サイアム	P 24	P14B3
□ アイサワン・レジデンシャル・スパ&クラブ	ホテルスパ	サイアム	P 21	P15C4
□ アイネイル	ネイルサロン	トンロー	P 93	P20A2
□ アジア・ハーブ・アソシエイション・ベンジャシリパーク店	マッサージ	スクンビット	P 15	P19C3
□ オアシス・スパ	スパ	スクンビット	P 16	P19C1
□ オリエンタル・スパ	ホテルスパ	チャオプラヤー川西岸	P 14	P11C3
□ カルマカメット	アロマ専門店	サイアム	P 25	P15C3
□ キ 資生堂サロン&スパ	サロン&スパ	スクンビット	P 90	P19C3
□ キング&アイ・スパ・マッサージ	マッサージ	スクンビット	P 23	P18B2
□ ザ・ペニンシュラ・スパ	ホテルスパ	チャオプラヤー川西岸	P 20	P10B3
□ シリ・ギリヤ・スパ	スパ	バンコク南東部	P 19	P5D4
□ スーントラ	ドリンク屋台	-	P 28	-
□ スパ1930	スパ	サイアム	P 18	P15D4
□ スマライ・スパ&マッサージ	マッサージ	トンロー	P 23	P20A2
□ タン	ホームスパ用品	サイアム	P 25	P15C3
□ チャイディー・マッサージ	マッサージ	カオサン	P 97	P6B3
□ ディーアイアイ・ウェルネス・メッド・スパ	スパ	サイアム	P 15	P15D3
□ ディヴァナ・マッサージ&スパ	スパ	スクンビット	P 18	P19C2
□ テイク・ケア	ネイルサロン	スクンビット	P 19	P19C3
□ トレジャー・スパ	スパ	トンロー	P 19	P20A1
□ バーム・ハーバル・リトリート	スパ	トンロー	P 19	P20A1
□ ハーン	ホームスパ用品	スクンビット	P 25	P19C3
□ ハーン・ヘリテージ・スパ	スパ	スクンビット	P 90	P19C3
□ バンビューリ	ホームスパ用品	サイアム	P 24	P15C3
□ ブッサバー・タイ・マッサージ	マッサージ	スクンビット	P 23	P19D4
□ ブタワン	スパ用品	アジアティーク	P 61	P4B4
□ プラナリ	ホームスパ用品	サイアム	P 24	P14B3
□ ヘルス・ランド	マッサージ	スクンビット	P 23	P18B1
□ マウント・サポラ	ホームスパ用品	サイアム	P 25	P14B3
□ ラクサ・スパ	ホテルスパ	サイアム	P 20	P15C4
□ ラリンジンダ・ウェルネス・スパ	スパ	サイアム	P 21	P15D4
□ リフレッシュ@24スパ	マッサージ	スクンビット	P 23	P19C4

□行きたい場所に✓を入れましょう　■行った場所をぬりつぶしましょう

物件名	ジャンル	エリア	ページ	別冊MAP
☐ ルーシー・ダットン	体験	王宮周辺	P 98	P21C3
☐ ワット・ポー・タイ・トラディショナル・メディカル&マッサージ・スクール	マッサージ	王宮周辺	P 23	P21C4
☐ ワット・ポー・マッサージ・スクール・スクムビット校 直営サロン39	マッサージ	スクンビット	P 22	P19C3
☐ アイコンサイアム	ショッピングセンター	チャオプラヤー川西岸	P 86	P11C3
☐ アニタ・タイ・シルク	タイシルク	サイアム	P 75	P16A3
☐ アマリン・プラザ	ショッピングモール	サイアム	P 65	P15C4
☐ 伊勢丹スーパーマーケット	スーパーマーケット	サイアム	P 76	P15C3
☐ エイト・トンロー	ショッピングビル	トンロー	P 93	P20A2
☐ エムクオーティエ	ショッピングセンター	スクンビット	P 91	P19C3
☐ エンポリアム	ショッピングセンター	スクンビット	P 90	P19C3
☐ カス・ユニーク	石鹸	アジアティーク	P 61	P4B4
☐ キス・ミー・ドール	スカーフ	アジアティーク	P 61	P4B4
☐ キリー・シルク	タイシルク	アジアティーク	P 61	P4B4
☐ グルメ・マーケット	スーパーマーケット	サイアム	P 88	P14B3
☐ ゲイソーン	ショッピングセンター	サイアム	P 89	P15C3
☐ サイアム・スクエア・ワン	ショッピングセンター	サイアム	P 88	P14B3
☐ サイアム・セラミック・ハンドメイド	ベンジャロン焼	スクンビット	P 73	P18B2
☐ サイアム・センター	ショッピングセンター	サイアム	P 88	P14B3
☐ サイアム・パラゴン	ショッピングセンター	サイアム	P 88	P14B3
☐ シーロム・コンプレックス	ショッピングセンター	シーロム	P 95	P17D2
☐ ジェイ・アベニュー	ショッピングモール	トンロー	P 93	P20A1
☐ システマ	ジュエリー	スクンビット	P 74	P18B2
☐ ジム・トンプソン本店	タイシルク	シーロム	P 70	P17C1
☐ セブンイレブン	コンビニエンスストア		P 28	-
☐ セリーン	ファッション	アジアティーク	P 61	P4B4
☐ セントラル・エンバシー	ショッピングセンター	サイアム	P 89	P15D3
☐ セントラル・チットロム	デパート	サイアム	P 89	P15D3
☐ セントラル・フード・ホール	スーパーマーケット	サイアム	P 89	P15D3
☐ セントラル・ワールド	ショッピングセンター	サイアム	P 89	P15C3
☐ ターミナル21	ショッピングセンター	スクンビット	P 64	P18B2
☐ タイ・イセキュウ	ベンジャロン焼	スクンビット	P 73	P18B2
☐ タムナン・ミンムアン	カゴ製品	サイアム	P 75	P14A3
☐ チコ	タイ雑貨	トンロー	P 92	P20A1
☐ チムリム	タイ雑貨	スクンビット	P 74	P19D3
☐ トップス・マーケット	スーパーマーケット	スクンビット	P 77	P19D3
☐ トリニティ・モール	ショッピングモール	シーロム	P 94	P17C2
☐ ナラヤ	タイ雑貨	スクンビット	P 74	P19C3
☐ ニア・イコール	タイ雑貨	スクンビット	P 91	P19D3
☐ バンワライ	アクセサリー	アジアティーク	P 61	P4B4
☐ ピース・ストア	タイ雑貨	スクンビット	P 91	P19C2
☐ ビッグC スーパーセンター	スーパーマーケット	サイアム	P 77	P15C3
☐ ファンシー・ハウス・ルリ	タイ雑貨	トンロー	P 92	P20A1
☐ ブーツ	ドラッグストア	サイアム	P 77	P15C3
☐ フジ・スーパー(1号店)	スーパーマーケット	スクンビット	P 76	P19C3
☐ プラチナム・ファッション・モール	ショッピングモール	サイアム	P 65	P15C2
☐ フリーハンド	タイ雑貨	カオサン	P 96	P21D1
☐ マダム・ヘン	石鹸	シーロム	P 94	P17C1
☐ レジェンド	セラドン焼	サイアム	P 72	P14A3
☐ ロフティ・バンブー	布小物製品	サイアム	P 75	P14A3
☐ ロフティ・バンブー	布小物製品	カオサン	P 96	P21D1
☐ アップ&アバヴ・レストラン&バー	レストラン&バー	サイアム	P 57	P15D4
☐ ヴァーティゴ&ムーン・バー	コンチネンタル料理	シーロム	P 55	P17D3
☐ オクターヴ・ルーフトップ・ラウンジ&バー	バー	トンロー	P 54	P20A3
☐ オンヌット・ナイト・マーケット	マーケット	バンコク南東部	P 69	P5D4
☐ カリプソ・キャバレー	ショー	アジアティーク	P 63	P4B4
☐ キンロム・チョム・サバーン	リバーサイドレストラン	王宮周辺	P 58	P6A2
☐ シロッコ&スカイ・バー	ヨーロピアン料理	シーロム	P 55	P11C3
☐ スパトラー・リバー・ハウス	リバーサイドレストラン	王宮周辺	P 58	P20B2
☐ タラート・ロットファイ・ラチャダー	マーケット	バンコク北部	P 78	P9C2
☐ デック	リバーサイドレストラン	王宮周辺	P 58	P21C3
☐ ネスト	バー	スクンビット	P 57	P12B1
☐ バディ・ビア・ワイン・バー&シーフード・レストラン	レストラン&バー	カオサン	P 97	P21D1
☐ パッポン・ナイト・マーケット	マーケット	シーロム	P 69	P17C2
☐ パーク・ソサイエティ&ハイ・ソー	バー	シーロム	P 54	P12A3
☐ ハバナ・ソシアル	バー	スクンビット	P 56	P12B1
☐ レッド・スカイ	モダン・ヨーロピアン料理	サイアム	P 55	P15C3
☐ ロング・テーブル	モダン・タイ料理・バー	スクンビット	P 57	P18B2
☐ ワイン・コネクション	ワインバー	スクンビット	P 56	P19D4

ショップ

ナイト

ララチッタ
バンコク
Bangkok

2020年4月15日　初版印刷
2020年5月　1日　初版発行

編集人	田中美穂
発行人	今井敏行
発行所	JTBパブリッシング
印刷所	佐川印刷

企画・編集	海外情報事業部
取材・執筆・撮影	ランズ（北原俊寛）／粟屋千春
	ブルーム（岡田知子／村山秀司）
	鈴木伸／筒井聖子
本文デザイン	BEAM
	ME&MIRACO
	花デザイン／宇都宮久美子
	brücke／marbre management
	スタジオビート
イラスト	落合恵
表紙デザイン	ローグ クリエイティブ
	（馬場貴裕／西浦隆大）
シリーズロゴ	ローグ クリエイティブ
	（馬場貴裕／西浦隆大）
写真協力	中田浩資／吉原朱美
	ウシオダキョウコ
地図制作	ジェイ・マップ／アルテコ
組版	佐川印刷

JTBパブリッシング
〒162-8446
東京都新宿区払方町25-5
編集：03-6888-7878
販売：03-6888-7893
広告：03-6888-7833
https://jtbpublishing.co.jp/

おでかけ情報満載
https://rurubu.jp/andmore/

Line Up ※続刊予定あり

ここからはがせます♪

Lala Citta Bangkok
Area Map

ララチッタ バンコク
別冊MAP

MAP記号の見方

H ホテル　卍 寺院　⚥ 教会　ⓘ 観光案内所　✈ 空港

🚏 バス停　△ 山　🏦 銀行　🏣 郵便局　🏥 病院　👮 警察　◆ 学校・市役所

E1 S1 BTS駅　▭ MRT(地下鉄)駅　①① BTS出入口　Rd.=Road

バンコク交通路線図

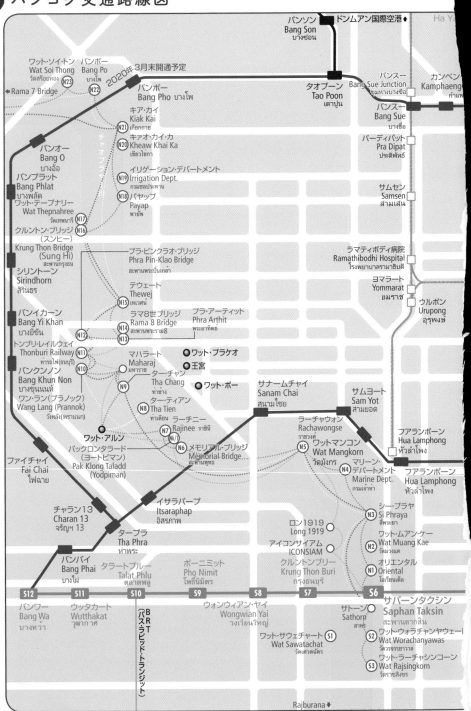

MRT ブルーラインのタオプーン駅とターブラ駅間は 2020 年 3 月末に開通予定。チャオプラヤー川西岸とのアクセスがスムーズになる。

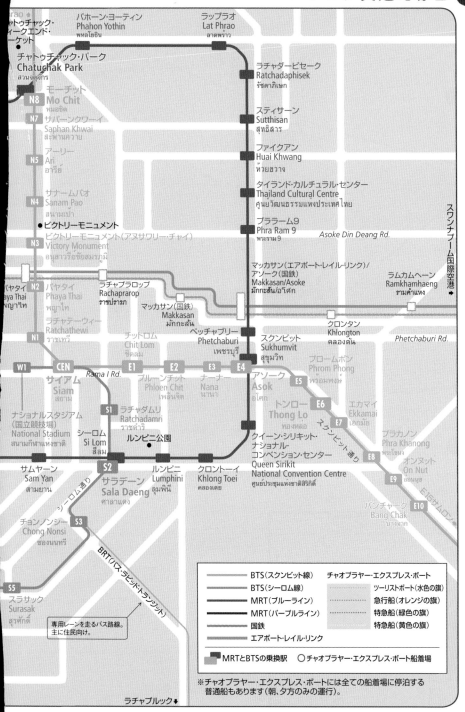

バンコク交通路線図

ラップラオ
Lat Phrao
ลาดพร้าว

バホーン・ヨーティン
Phahon Yothin
พหลโยธิน

ヤトゥチャック・
ィークエンド・
ーケット

チャトゥチャック・パーク
Chatuchak Park
สวนจตุจักร

ラチャダーピセーク
Ratchadaphisek
รัชดาภิเษก

N8 モーチット
Mo Chit
หมอชิต

スティサーン
Sutthisan
สุทธิสาร

N7 サパーンクワーイ
Saphan Khwai
สะพานควาย

ファイクアン
Huai Khwang
ห้วยขวาง

N5 アーリー
Ari
อารีย์

タイランド・カルチュラル・センター
Thailand Cultural Centre
ศูนย์วัฒนธรรมแห่งประเทศไทย

N4 サナームパオ
Sanam Pao
สนามเป้า

プララーム9
Phra Ram 9
พระราม 9

Asoke Din Deang Rd.

●ビクトリーモニュメント
ビクトリーモニュメント(アヌサワリー・チャイ)
N3 Victory Monument
อนุสาวรีย์ชัยสมรภูมิ

スワンナプーム国際空港 ➡

マッカサン(エアポート・レイル・リンク)/
アソーク(国鉄)
Makkasan/Asoke
มักกะสัน/อโศก

ラムカムヘーン
Ramkhamhaeng
รามคำแหง

パヤタイ **N2 パヤタイ**
aya Thai Phaya Thai
ญาไท พญาไท

ラチャプラロップ
Rachaprarop
ราชปรารภ

マッカサン(国鉄)
Makkasan
มักกะสัน

クロンタン
Khlongton
คลองตัน

ラチャテーウィー
N1 Ratchathewi
ราชเทวี

ペッチャブリー
Phetchaburi
เพชรบุรี

スクンビット
Sukhumvit
สุขุมวิท

Phetchaburi Rd.

チットロム
Chit Lom
ชิดลม

W1 **CEN** Rama I Rd.

サイアム
Siam
สยาม

プルーンチット
Phloen Chit
เพลินจิต

ナーナー
Nana
นานา

E1 **E2** **E3** **E4**

プロームポン
Phrom Phong
พร้อมพงษ์

アソーク
Asok
อโศก

E5

ナショナルスタジアム
(国立競技場)
National Stadium
สนามกีฬาแห่งชาติ

S1 ラチャダムリ
Ratchadamri
ราชดำริ

トンロー E6
Thong Lo
ทองหล่อ

エカマイ
Ekkamai
เอกมัย

E7

シーロム
Si Lom
สีลม

●ルンピニ公園

プラカノン
Phra Khanong
พระโขนง

クイーン・シリキット・
ナショナル・
コンベンション・センター
Queen Sirikit
National Convention Centre
ศูนย์ประชุมแห่งชาติสิริกิติ์

E8

サムヤーン
Sam Yan
สามย่าน

S2

ルンピニ
Lumphini
ลุมพินี

クロントーイ
Khlong Toei
คลองเตย

オンヌット
On Nut
อ่อนนุช

E9

サラデーン
Sala Daeng
ศาลาแดง

E15サム...

チョンノンシー **S3**
Chong Nonsi
ช่องนนทรี

バンチャーク
Bang Chak
บางจาก

E10

BRT(バス・ラピッド・トランジット)

専用レーンを走るバス路線。
主に住民向け。

S5
スラサック
Surasak
สุรศักดิ์

BTS(スクンビット線)	チャオプラヤー・エクスプレス・ボート
BTS(シーロム線)	ツーリストボート(水色の旗)
MRT(ブルーライン)	急行船(オレンジの旗)
MRT(パープルライン)	特急船(緑色の旗)
国鉄	特急船(黄色の旗)
エアー・レイル・リンク	

■MRTとBTSの乗換駅 ○チャオプラヤー・エクスプレス・ボート船着場

※チャオプラヤー・エクスプレス・ボートには全ての船着場に停泊する
普通船もあります(朝、夕方のみの運行)。

ラチャブルック◆

 エリア Navi
乗換え駅はサイアム、サラデーン、アソーク、スクンビットと覚えておくとよい。
BTS内の乗換えは同駅構内だが、BTSとMRTの乗換えは改札外となる。

3

バンコク全体図

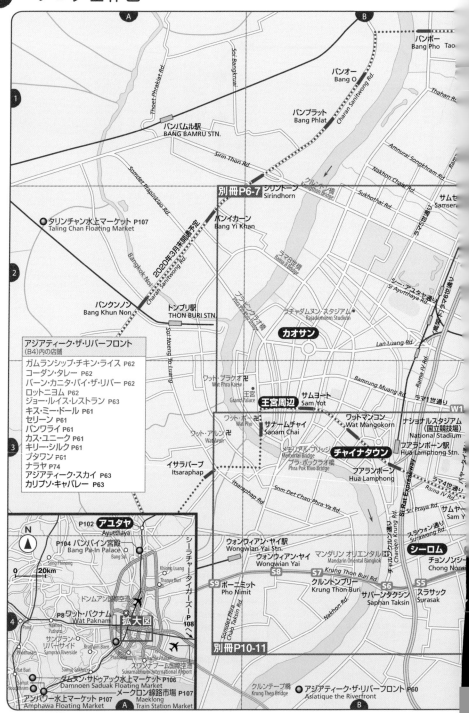

アジアティーク・ザ・リバーフロント
(B4)内の店舗

- ガムランシップ・チキン・ライス P62
- コーダン・タレー P62
- バーン・カニタ・バイ・ザ・リバー P62
- ロットニヨム P62
- ジョー・ルイス・レストラン P63
- キス・ミー・ドール P61
- セリーン P61
- バンワライ P61
- カス・ユニーク P61
- キリー・シルク P61
- ブタワン P61
- ナラヤ P74
- アジアティーク・スカイ P63
- カリプソ・キャバレー P63

エリア Navi　バンコクの面積は1568.74km²で、東京都の約3/4の広さ。南北に流れるチャオプラヤー川の東側が中心地となっている。BTS(高架鉄道)、MRT(地下鉄)が走っているので、移動も簡単。

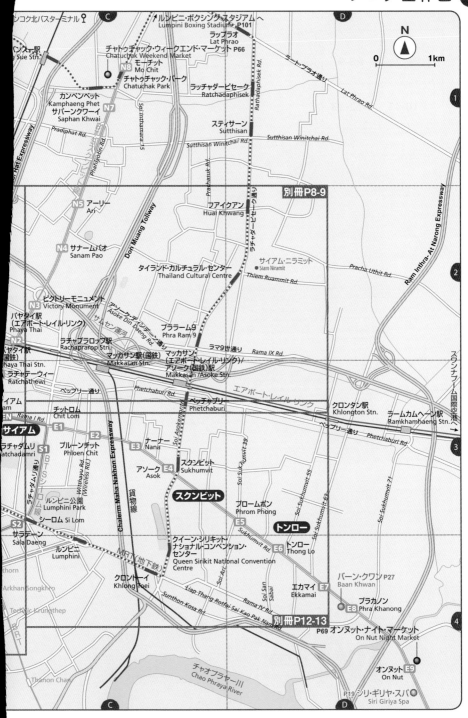

N

0　　　　1km

バンコク北バスターミナルへ

ルンピニ・ボクシングスタジアムへ P101
Lumpini Boxing Stadium

ラップラオ
Lat Phrao

バンスー駅
Bang Sue Stn.

チャトゥチャック・ウィークエンド・マーケット P66
Chatuchak Weekend Market

モーチット
Mo Chit

チャトゥチャック・パーク
Chatuchak Park

ラッチャダーピセーク
Ratchadaphisek

カンペンペット
Kamphaeng Phet

サパーンクワーイ
Saphan Khwai

スティサーン
Sutthisan

Pradiphat Rd.

Sutthisan Winitchai Rd.

Sutthisan Winitchai Rd.

別冊P8-9

アーリー
Ari

ファイクワン
Huai Khwang

サナームパオ
Sanam Pao

タイランド・カルチュラル・センター
Thailand Cultural Centre

サイアム・ニラミット
Siam Niramit

Pracha Uthit Rd.

ビクトリーモニュメント
Victory Monument

Thiem Ruammit Rd.

パヤタイ駅
（エアポート・レイル・リンク）
Phaya Thai

プララーム9
Phra Ram 9

ラチャプラロップ駅
Rachaprarop Stn.

マッカサン駅（国鉄）
Makkasan Stn.

マッカサン・
（エアポート・レイル・リンク）/
アソーク（国鉄）駅
Makkasan /Asoke Stn.

パヤタイ駅
（国鉄）
Phaya Thai Stn.

ラチャテーウィー
Ratchathewi

ラマ9世通り
Rama IX Rd.

エアポート・レイル・リンク

Phetchaburi Rd.

クロンタン駅
Khlongton Stn.

ラームカムヘーン駅
Ramkhamhaeng Stn.

サイアム
Siam

チットロム
Chit Lom

ベッブリー
Phetchaburi

サイアム

ラチャダムリ
Ratchadamri

プルーンチット
Phloen Chit

ナーナー
Nana

スクンビット
Sukhumvit

アソーク
Asok

スクンビット

ルンピニ公園
Lumphini Park

プロームポン
Phrom Phong

トンロー

シーロム Si Lom

トンロー
Thong Lo

サラデーン
Sala Daeng

クイーン・シリキット・
ナショナル・コンベンション・
センター
Queen Sirikit National Convention
Centre

ルンピニ
Lumphini

バーン・クワン P27
Baan Khwan

エカマイ
Ekkamai

プラカノン
Phra Khanong

クロントーイ
Khlong Toei

オンヌット・ナイト・マーケット
On Nut Night Market

P69

チャオプラヤー川
Chao Phraya River

オンヌット
On Nut

P19 シリ・ギリヤ・スパ
Siri Giriya Spa

別冊P12-13

●観光スポット　●レストラン・カフェ　●ショップ　●ナイトスポット　●ビューティースポット　Hホテル

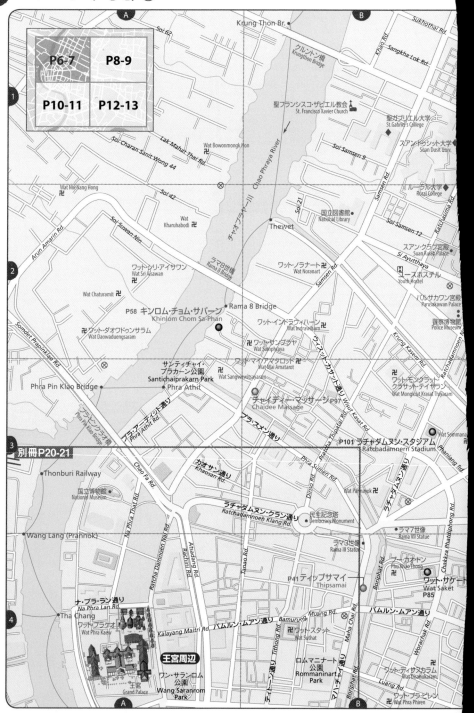

P6-7	P8-9
P10-11	P12-13

Krung Thon Br.
クルントン橋
Krungthon Bridge

聖フランシスコ・ザビエル教会
St. Francisco Xavier Church

聖ガブリエル大学
St. Gabriel's College

スアンドゥシット大学
Suan Dusit Univ.

Sukhothai Rd.

Khao Sangkha Lok Rd.

Sai 62

Lak Mahai Thai Rd.

Sai Charan Sanit Wong 44

Wat Bowonmongk Hon

Sai Samsen 9

ルーラル大学
Rural College

Ratchasima Rd.

Wat Nok Nang Hong

Sai 42

Wat Kharuhabodi

Thewet

国立図書館
National Library

Sai 21

Sai Samsen 12

スアン・クラブ宮殿
Si Ayutthaya
Suan Kulab Palace

ワット・シリ・アイサワン
Wat Sri Aisawan

ワット・ノラナート
Wat Noranart

ユースホステル
Youth Hostel

パルサカワン宮殿
Parusakawan Palace

Wat Chaturamit

ラマ8世橋
Rama 8 & Bridge

Rama 8 Bridge

ワット・インドラウィハーン
Wat Indrawiham

警察博物館
Police Museum

P58 キンロム・チョム・サバーン
Khinlom Chom Sa-Phan

Krung Kasem Rd.

ワット・ダオドゥンサラム
Wat Daowaduengsaram

ワッタ・サンプラヤ
Wat Samphraya

Wut Kasat Rd.

サンティチャイ・プラカーン公園
Santichaiprakarn Park

ワット・マイアマタロット
Wat Mai Amatarot

ワット・モンクラト・クラサット・ティヤラン
Wat Mongkut Krasat Thiyaram

Wat Sangwetwitsayaram

Phra Athit

Phra Pin Klao Bridge

チャイディー・マッサージ P97
Chaidee Massage

別冊P20-21

プラ・アーティット通り
Phra Athit Rd.

プラ・スメン通り

P101 ラチャダムヌン・スタジアム
Ratchadamnern Stadium

Phra Sumen Rd.

Wat Sommanat

Thonburi Railway

Chao Fa Rd.

カオサン通り
Khaosan Rd.

国立博物館
National Museum

Wat Parinayok

Wang Lang (Prannok)

ラチャダムヌン・クラン通り
Ratchadamnoen Klang Rd.

民主記念塔
Democracy Monument

ラマ7世像
Rama VII Statue

ラマ3世像
Rama III Statue

プラ・カオ・トン
Pho Khao Thong

ワット・サケット
Wat Saket P85

P41 ティップサマイ
Thipsamai

ナ・プラ・ラン通り
Na Phra Lan Rd.

Tha Chang

ワット・プラケオ
Wat Phra Kaew

Kalayang Maitri Rd. パムルン・ムアン通り

Bamrung Rd.

ワット・スタット
Wat Suthat

バムルン・ムアン通り
Bamrung Muang Rd.

王宮周辺

ワン・サランロム公園
Wang Saranrom Park

王宮
Grand Palace

ロムマニナート公園
Rommaninart Park

ワット・ディサヌカラム
Wat Disanukaram

ワット・プラ・ピレン
Wat Phra Phiren

6

エリア Navi

ワット・プラケオや王宮など、チャオプラヤー川沿いのスポットは、BTSやMRTの駅から遠く、徒歩で行くのは困難。駅からタクシーに乗るか、川を南北に運航するチャオプラヤー・エクスプレス・ボートが便利。

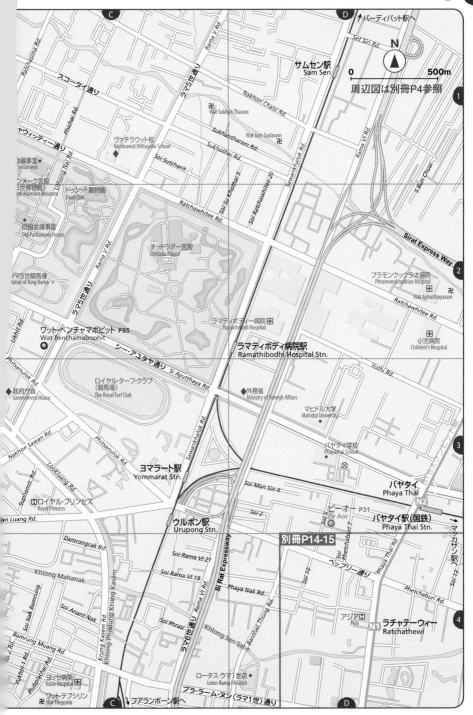

バンコク中心部②

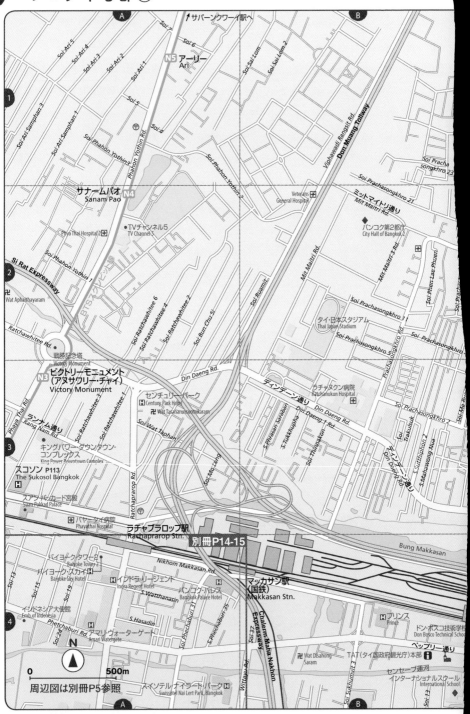

↗サパーンクワーイ駅へ

N5 アーリー
Ari

Soi 6

Soi Ari 5
Soi Ari 4
Soi Ari 3
Soi Ari 2

Soi Sai Lom 2

Soi 5

Soi Ari Samphan 3
Soi Ari Samphan 1

Soi 4

Soi Phahon Yothin 3

Phahon Yothin Rd.

Soi 3

Soi 2

Viphawadi Rangsit Rd.

Don Muang Tollway

Soi Pracha songkhro 23

Soi Prachasongkhro 21

サナームパオ N4
Sanam Pao

Soi Phahon Yothin

Soi Phahon Yothin 2

ミットマイトリ通り
Mit Maitri Rd.

Veterans General Hospital

バンコク第2都庁
City of Bangkok 2

Phya Thai Hospital 2
TVチャンネル5
TV Channel 5

Mit Maitri Rd.

Mit Maitri 3 Rd.

Soi Phien Lae Phueni

Si Rat Expressway

Soi Phahon Yothin 1

Soi Ruamit

Soi Prachasongkhro 11

Wat Aphaithayaram

Soi Ratchawhitee 6
Soi Ratchawhitee 4
Soi Ratchawhitee 2

Soi Run Chu Si

タイ・日本スタジアム
Thai Japan Stadium

Soi Prachasongkhro

Soi Prachasongkhro

Ratchawhitee Rd.

戦勝記念塔
Victory Monument

Din Daeng Rd.

ラチャヌクン病院
Ratchanukun Hospital

ビクトリーモニュメント
（アヌサワリー・チャイ）N3
Victory Monument

Soi Ratchawhitee 3
Soi Ratchawhitee 1

S.Prasan Saraban

ディンデーン通り
Din Daeng Rd.

Soi Prachasongkhro 2

S.Thakuluck

ランナム通り
Rang Nam Rd.

センチュリーパーク
Century Park Hotel
Wat Tatanaruuunokaram

S.Tukkhupha

Din Daeng Rd.

S.Sutthiphon
S.Mahawong Nua

Phaya Thai Rd.

キングパワーダウンタウン・
コンプレックス
King Power Downtown Complex

スコソン P113
The Sukosol Bangkok

Soi Wat Taphan

Soi Ma Leng

スアンパッカード宮殿
Suan Pakkad Palace

パヤータイ病院
Phayathai Hospital

Ratchaprarop Rd.

ラチャプラロップ駅
Rachaprarop Stn.

別冊P14-15

Bung Makkasan

バイヨーク・タワーII
Bayioke Tower 2

Nikhom Makkasan Rd.

バイヨーク・スカイ
Bayioke Sky Hotel

インドラ・リージェント
Indra Regent Hotel

マッカサン駅
（国鉄）
Makkasan Stn.

Soi 15
Soi 13
Soi 11
Soi 9

S.Watthanasin

バンコク・パレス
Bangkok Palace Hotel

インドネシア大使館
Emb.of Indonesia

S.Hasadin

プリンス
Prince

ドン・ボスコ技術学校
Don Bosco Technical Schoo

Phetchaburi Rd.
アマリ・ウォーターゲート
Amari Watergate

Chalerm Maha Nakhon Expressway

Soi Phetchaburi

Wittayu Rd.

Wat Disahong Saram

TAT（タイ国政府観光庁）本部

ペップリー通り

N

0   500m

周辺図は別冊P5参照

スイスホテル・ナイラート・パーク
Swissôtel Nai Lert Park, Bangkok

センセーブ運河
インターナショナルスクール
International School

Soi Sukhumvit 3

A   B

エリア Navi 空港専用鉄道「エアポート・レイル・リンク」のマッカサン駅（C4）からスクンビット通り（別冊P13C2）へは距離にして
1.2kmほどだが、夕方の渋滞時などにはタクシーで1時間ほどかかることもあるので注意。

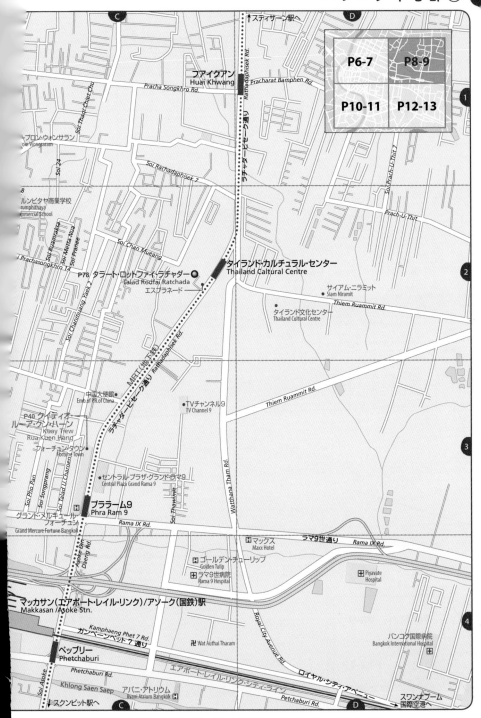

↑スティサーン駅へ

ファイクアン
Huai Khwang
Pracha Songkhro Rd.

Rathadaphisek Rd.

Rathcharat Bamphen Rd.

ラチャダーピセーク通り

プロム・ウォンサラム
Prom Wongsaram

Soi 24

Soi Rachadaphisek 7

Prach-U-Thit

Soi Rachadaphisek 7

ルンピタヤ商業学校
Lumphithaya
Commercial School

Soi Thadi-Chiet-Chu

Soi Rupprakta

Soi Metta-Nua

Soi Franee

Soi Chan Mueang

Soi Prachasongkhro T4

タイランド・カルチュラル・センター
Thailand Caltural Centre

サイアム・ニラミット
Siam Niramit
Thiem Ruammit Rd.

P78 タラート・ロットファイ・ラチャダー
Talad Rodfai Ratchada
エスプラネード

Soi Chanmuang Yaek 2

タイランド文化センター
Thailand Cultural Centre

MRT (地下鉄) ラチャダーピセーク通り Rathadaphisek Rd.

中国大使館
Emb.of P.R.of China

TVチャンネル9
TV Channel 9

Thiem Ruammit Rd.

P40 クイティオ・
ルーア・クンペーン
Kuay Tiew
Rua Kuen Hang

Watthana Tham Rd.

フォーチュンタウン
Fortune Town

Soi Pha Pan

Soi Songprang

Soi Talad U.Chaoen Rd.

セントラル・プラザ・グランド・ラマ9
Central Plaza Grand Rama 9

Soi Thawimit

プララーム9
Phra Ram 9

グランド・メルキュール・
フォーチュン
Grand Mercure Fortune Bangkok

Rama IX Rd.

Asoke Din

Dieng Rd.

ラマ9世通り
Rama IX Rd.

マックス
Maxx Hotel

ゴールデン・チューリップ
Golden Tulip

ラマ9世病院
Rama 9 Hospital

ピヤベート病院
Piyavate
Hospital

マッカサン(エアポート・レイル・リンク)/アソーク(国鉄)駅
Makkasan /Asoke Stn.

Kamphaeng Phet 7 Rd.
カンペーンペット7通り

Wat Authai Tharam

Royal City Avenue Rd.

バンコク国際病院
Bangkok International Hospital

ペップリー
Phetchaburi

Phetchaburi Rd.

エアポート・レイル・リンク・シティ・ライン

ロイヤル・シティ・アベニュー

Soi Asoke

Khlong Saen Saep

アバニ・アトリウム
Avani Atrium Bangkok

スワンナプーム
国際空港へ

スクンビット駅へ

Petchaburi Rd.

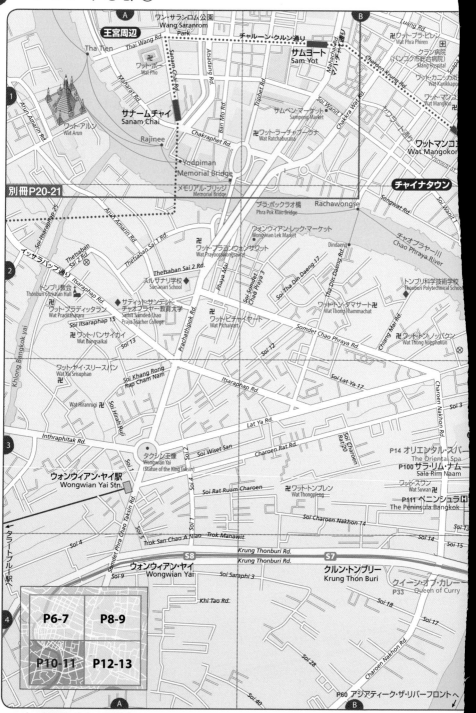

ワン・サランロム公園
Wang Saranrom Park

王宮周辺

Tha Tien

Thai Wang Rd.

ワット・ポー
Wat Pho

チャルーン・クルン通り

サムヨート
Sam Yot

Luang Rd.

卍 ワット・プラ・ピレン
Wat Phra Phiren

クラン病院
(バンコク市総合病院)
Klang Hospital

卍 ワット・カニカポ
Wat Kanikkapo

卍 ワット・マンゴ
Wat Mangkon

サナームチャイ
Sanam Chai

ワット・アルン
Wat Arun

Rajinee

サムペン・マーケット
Sampeng Market

卍 ワット・ラーチャブーラナ
Wat Ratchaburana

ワットマンゴ
Wat Mangokorn

チャイナタウン

Yodpiman
Memorial Bridge

メモリアル・ブリッジ
Memorial Bridge

別冊P20-21

プラ・ポックラオ橋
Phra Pok Klao Bridge

Rachawongse

Songwat Rd.

チャオプラヤー川
Chao Phraya River

Thetsaban
Sai 2 Rd.

ウォンウィアン・レック・マーケット
Wongwian Lek Market

卍 ワット・プラユーンウォンサワット
Wat Prayoonwongsawat

Dindaeng

イッサラパップ通り
Itsaraphap Rd.

Thetsaban Sai 1 Rd.

Thetsaban Sai 2 Rd.

スカナリ学校
Sucsanari School

トンブリ教会
Thonburi Christian Hall

卍 ワット・プラディッタラン
Wat Pradittharam

サティット・サンデッド・
チャオプラヤー教育大学
Sathit Samded Chao
Praya Teacher College

Soi Itsaraphap 15

卍 ワット・バンサイカイ
Wat Bangsaikai

Soi 13

Prachathipok Rd.

卍 ワット・ピチャイヤート
Wat Pichaiyart

トンブリ科学技術学校
Thonburi Polytechnical School

卍 ワット・トン・タマサート
Wat Thong Thammachat

Soi 12

Somdet Chao Phraya Rd.

卍 ワット・トン・ノッパクン
Wat Thong Nopphakun

Chiang Mai Rd.

ワット・ヤイ・スリースパン
Wat Yai Srisuphan

Soi Khang Rong
Rap Cham Nam

Soi Lat Ya 17

Charoen Nakhon Rd.

Wat Hirannigi 卍

Soi Hirah Ruji

Itsaraphap Rd.

Soi 3

Inthraphitak Rd.

Lat Ya Rd.

Soi Wiset San

タクシン王像
Wongwian Yai
(Statue of the King Taksin)

Charoen Rat Rd.

Soi Charoen
Rat 20

P14 オリエンタル・スパ
The Oriental Spa

P100 サラ・リム・ナム
Sala Rim Naam

ウォンウィアン・ヤイ駅
Wongwian Yai Stn.

ワット・スワン
Wat Suwan

タラートプルー駅へ

Samder Phra Chao Taksin Rd.

Soi Rat Ruam Charoen

卍 ワット・トンプレン
Wat Thongpleng

P111 ペニンシュラ
The Peninsula Bangkok

Soi Charoen Nakhon 14

Soi 14

Soi 15

Trok San Chao A Niao

Trok Manawit

Krung Thonburi Rd.

ウォンウィアン・ヤイ
Wongwian Yai

Soi Saraphi 3

クルン・トンブリー
Krung Thon Buri

クイーン・オブ・カレー
Queen of Curry
P33

Khi Tao Rd.

Soi 18

Soi 17

Charoen Nakhon Rd.

Soi 28

P6-7

P8-9

P10-11

P12-13

Soi 40

P60 アジアティーク・ザ・リバーフロントへ

エリア
Navi
チャオプラヤー川の西側に立つ高級ホテルやレストランに行くには、川を横断するホテルやレストランの専用ボートか
チャオプラヤー・エクスプレス・ボートを利用。BTS クルン・トンブリー駅から西側は主に住民の生活エリアとなる。

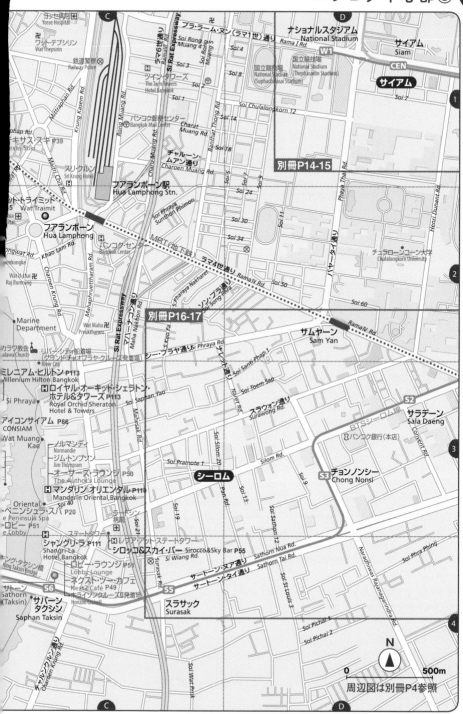

バンコク中心部④

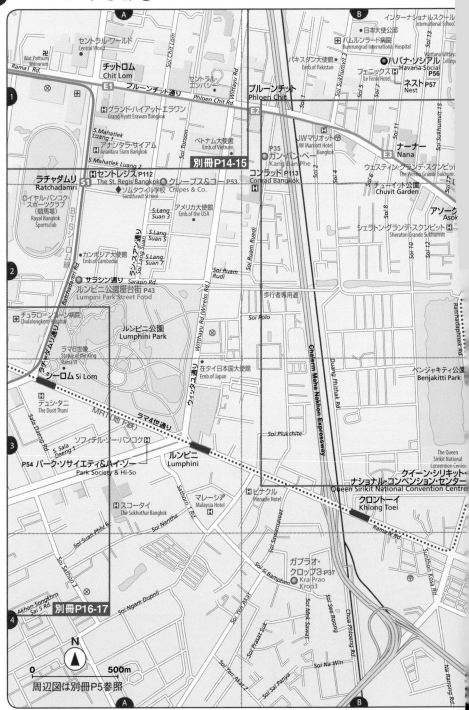

エリア Navi MRTシーロム駅周辺のラチャダムリ通り（A3）、ラマ4世通り（A3）、BTSチットロム駅〜プロームポン駅周辺のスクンビット通り（C2）は、特に交通渋滞が激しい道路。移動にはBTSやMRTを利用するとスムーズ。

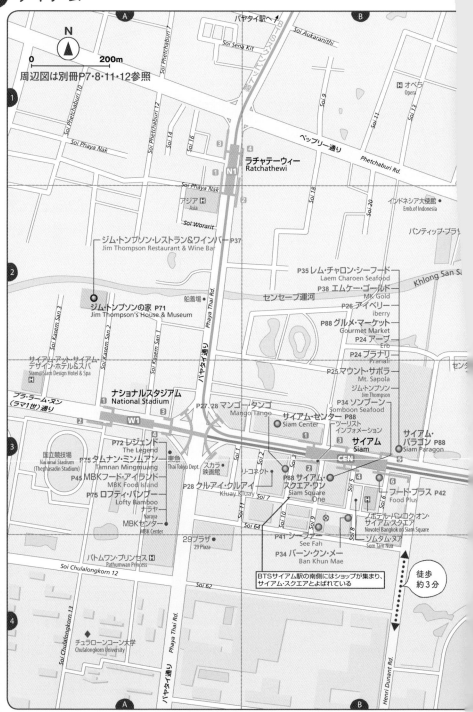

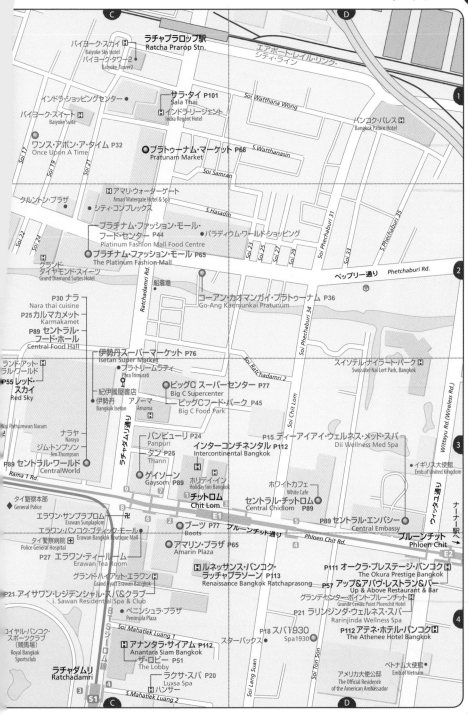

C ラチャプラロップ駅
Ratcha Prarop Stn.

バイヨーク・スカイ H
Baiyoke Sky Hotel
バイヨーク・タワー2
Baiyoke Tower2

エアポート・レイル・リンク
シティ・ライン

D

Soi Watthana Wong

インドラ・ショッピングセンター ●
サラ・タイ P101
Sala Thai
インドラ・リージェント H
Indra Regent Hotel

バンコク・パレス H
Bangkok Palace Hotel

バイヨーク・スイート H
Baiyoke Suite

S.Watthanasin

ワンス・アポン・ア・タイム P32
Once Upon A Time
プラトゥーナム・マーケット P68
Pratunam Market

タレントン・プラザ

アマリ・ウォーターゲート H
Amari Watergate Hotel & Spa
● シティ・コンプレックス

S.Hasadin

プラチナム・ファッション・モール・
フードセンター P44
Platinum Fashion Mall Food Centre

パラディウム・ワールド・ショッピング

グランド・
ダイヤモンド・スイーツ H
Grand Diamond Suites Hotel

プラチナム・ファッション・モール P65
The Platinum Fashion Mall

ペップリー通り Phetchaburi Rd.

P30 ナラ
Nara thai cuisine
P25 カルマカメット
Karmakamet
P89 セントラル・
フード・ホール
Central Food Hall

船着場
コーアン・カオマンガイ・プラトゥーナム P36
Go-Ang Kaomunkai Pratunum

Soi Phetchaburi 34

ランド・アット・
ラル・ワールド
伊勢丹スーパーマーケット P76
Isetan Super Market

スイソテル・ナイラート・パーク H
Swissotel Nai Lert Park, Bangkok

P55 レッド・
スカイ
Red Sky

プラ・トリームラティ
Phra Trimurati

紀伊國屋書店
伊勢丹
Bangkok Isetan
アノーマ
Amoma

ビッグC スーパーセンター P77
Big C Supercenter
ビッグCフード・パーク P45
Big C Food Park

Wat Pathumwan Naram

ナラヤ
Naraya
ジム・トンプソン
Jim Thompson

P89 セントラル・ワールド
CentralWorld

パンピューリ P24
Panpuri
タン P25
Thann

ゲイソーン
Gaysorn P89

インターコンチネンタル P112
Intercontinental Bangkok

P15 ディーアイアイ・ウェルネス・メッド・スパ
Dii Wellness Med Spa

Rama 1 Rd.

ホリデイ・イン
Holiday Inn Bangkok

イギリス大使館
Emb.of United Kingdom

タイ医療本部
General Police

チットロム
Chit Lom

ホワイトカフェ
White Cafe
セントラル・チットロム P89
Central Chidlom

エラワン・サンプラプロム
Erawan Sunplaplom
エラワン・バンコク・ブティック・モール
Erawan Bangkok Boutique Mall
タイ警察病院
Police General Hospital

ブーツ P77
Boots
プルーンチット通り
Phloen Chit Rd.

P89 セントラル・エンバシー
Central Embassy

プルーンチット
Phloen Chit

P27 エラワン・ティールーム
Erawan Tea Room

アマリン・プラザ P65
Amarin Plaza

ルネッサンス・バンコク・
ラッチャプラソーン P113
Renaissance Bangkok Ratchaprasong

P111 オークラ・プレスティージ・バンコク
The Okura Prestige Bangkok
P57 アップ&アバヴ・レストラン&バー
Up & Above Restaurant & Bar
グランデ・センター・ポイント・プルーンチット
Grande Centre Point Ploenchit Hotel

グランド・ハイアット・エラワン H
Grand Hyatt Erawan Bangkok

P21 アイサワン・レジデンシャル・スパ&クラブ
i. Sawan Residential Spa & Club

ペニンシュラ・プラザ
Peninsula Plaza

P21 ラリンジンダ・ウェルネス・スパ
Rarinjinda Wellness Spa

ロイヤル・バンコク・
スポーツクラブ
(競馬場)
Royal Bangkok
Sportsclub

Soi Mahatlek Luang 1

アナンタラ・サイアム P112
Anantara Siam Bangkok

ザ・ロビー P51
The Lobby

P18 スパ1930
Spa1930

P112 アテネ・ホテル・バンコク H
The Athenee Hotel Bangkok

ラチャダムリ
Ratchadamri

スターバックス
Starbucks

ラクサ・スパ P20
Luxsa Spa

ハンサー
Hansar

S.Mahatlek Luang 2

ベトナム大使館
Emb.of Vietnam

アメリカ大使公邸
The Official Residence
of the American Ambassador

C **D**

● 観光スポット ● レストラン・カフェ ● ショップ ● ナイトスポット ● ビューティースポット H ホテル 15

シーロム

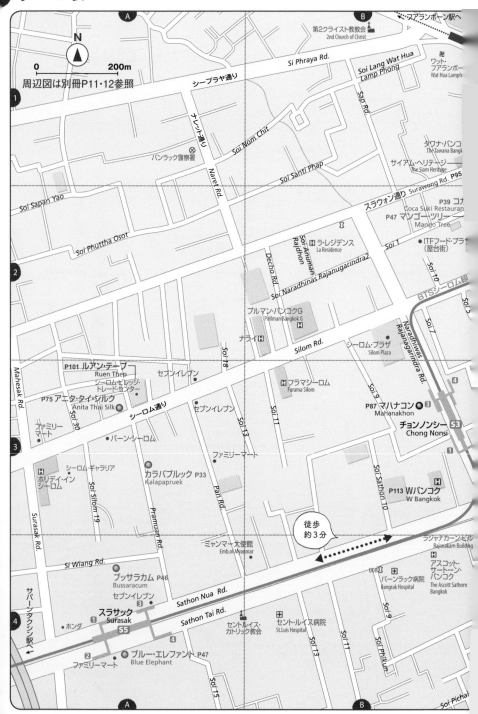

エリア
Navi

シーロム地区はオフィス街。BTS サラデーン駅周辺を除き、BTS チョンノンシー駅やスラサック駅の周辺は夜や土・日曜は人通りが少なくなる。細いソイ（路地）などを女性1人で歩くのは避けたい。

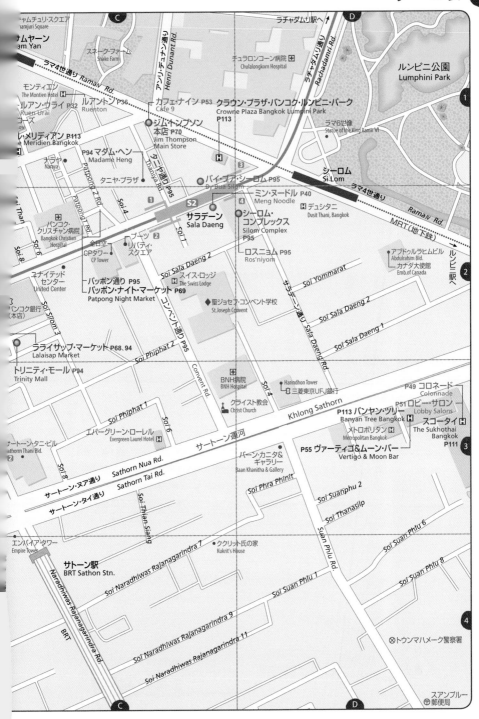

スクンビット

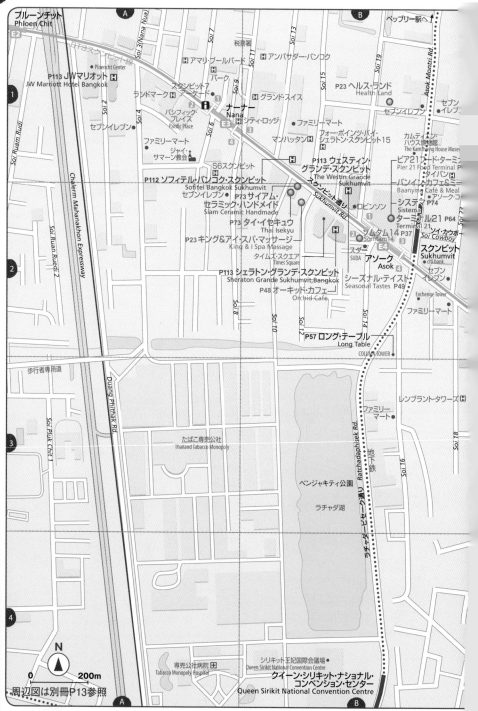

ブルーンチット
Phloen Chit

E2

BTSスクンビット線
JR3

Ploenchit Center

P113 JWマリオット
JW Marriott Hotel Bangkok

ランドマーク
スクンビット7 アーケード

パシフィック・プレイス
Pacific Place

セブンイレブン

ファミリーマート

ジェイ・サマーン教会

アマリ・ブールバード

パーク

税務署

アンバサダー・バンコク

スクンビット7

グランド・スイス

シティ・ロッジ
Nana ナーナー

ファミリーマート

フォーポインツ・バイ・
シェラトン・スクンビット15

マンハッタン

P23 ヘルス・ランド
Health Land

セブンイレブン

カムティエン・
ハウス博物館
The Kamthieng House Museum

ピア21フード・ターミナル
Pier 21 Food Terminal

タイパン

バンイン・カフェ＆ミー
Baanying Café & Meal

S6スクンビット

P112 ソフィテル・バンコク・スクンビット
Sofitel Bangkok Sukhumvit

セブンイレブン

P73 サイアム・
セラミック・ハンドメイド
Siam Ceramic Handmade

P73 タイ・イセキュウ
Thai Isekyu

P23 キング＆アイ・スパ・マッサージ
King & I Spa Massage

タイムズ・スクエア
Times Square

P113 シェラトン・グランデ・スクンビット
Sheraton Grande Sukhumvit, Bangkok

P48 オーキッド・カフェ
Orchid Café

P113 ウェスティン・
グランデ・スクンビット
The Westin Grande Sukhumvit

スクンビット通り
Sukhumvit Rd.

ロビンソン

ソムタム14
Somtam14

スダ
SUDA

アソーク
Asok

シーズナル・テイスト
Seasonal Tastes P49

ターミナル21 P64
Terminal 21

システマ
Sistema P74

ソイ・カウボー
Soi Cowboy

スクンビット
Sukhumvit

citi bank

セブン
イレブン

Exchange Tower

ファミリーマート

P57 ロング・テーブル
Long Table

COLUMN TOWER

レンブラント・タワーズ

ファミリー
マート

歩行者専用道

たばこ専売公社
Thailand Tabacco Monopoly

地下鉄

ベンジャキティ公園

ラチャダ湖

専売公社病院
Tabacco Monopoly Hospital

シリキット王妃国際会議場
Queen Sirikit National Convention Centre

クイーン・シリキット・ナショナル・
コンベンション・センター
Queen Sirikit National Convention Centre

N

0   200m

周辺図は別冊P13参照

18

エリア Navi スクンビット通りからのびるソイ（路地）は入り組んでおり、歩くと意外と大変。ソイの入口に待機するバイクタクシーを利用する地元の人も多い。乗る際は、必ず料金を確認し、「Slowly（ゆっくり）」と声を掛けるのを忘れずに。

ソイ23にはしゃれた一軒家
レストランが軒を連ねている

インド大使館
Emb. of India

Soi Sawadi

セブンイレブン

フジ・スーパー(2号店)

ーン・カニタ
n Khantha

Soi 49/16

・ローカル P30
e Local by Oamthong Thai Cuisine

オアシス・スパ P16
Oasis Spa

Soi 49

Soi Pronsi 2

セブンイレブン

Soi Prasanmit

Soi Phrom Mit

Soi 39

トン・クルーアン
Thon Krueng

バラニー P40
Bharanii

徒歩
約5分

プアンゲーオ P91
Puangkaew

Soi Phrom Chit

ディヴァナ・マッサージ&スパ P18
Divana Massage & Spa

セブンイレブン

Soi Phrom Si 1

フジ・スーパー(3号店)
Fuji Super

Soi 27

Soi 29

Soi 31

サミティベート病院
Samitivej Sukhmvit Hospital

日本人街(ソイ33/1)にあるフジ・
スーパーはタイ在住の日本人御用
達のスーパー。この周辺には日本語
のフリーペーパーも多く置かれる

ピース・ストア P91
Peace Store

マナー
バーデン P26
Parden

Soi 49

セブン
レブン

アジア・ハーブ・アソシエイション・
ベンジャシリパーク店 P15
Asia Herb Association
Benchasiri Park Shop
LOTUS

Soi Phrom Mit

ンザー

セブン
イレブン

フジ・スーパー(1号店) P76
Fuji Super(Branch1)

ファミリー・マート

マーベル

フジ・コーヒー・
ショップ P91
エム
クォーティエ
EmQuartier

ロースト P53
Roast

スターバックスコーヒー

ワット・ポー・マッサージ・
スクール・スクムビット校
直営サロン39 P22
The Wat Po's Massage School
Sukhumvit Campus Salon 39

フジ・スーパー(4号店)
Fuji Super

ファミリー・マート

P19 テイク・ケア
Take Care

プロームポン
Phrom Phong

Soi 22

バンコク・マリオット・ホテル・
クイーンズ・パーク

ベンジャシリ公園

プロームポン駅周辺には
インテリア&家具の店が多い

ニア・イコール P91
Near Equal
ニア・イコール・
レストラン&カフェ

P90 エンポリアム
Emporium

ジム・トンプソン
Jim Thompson

ナラヤ
Naraya
P74

レモングラス

チムリム P74
Chimrim

Soi 41

Soi 49

ファミリー
マート

セブンイレブン

P52 カルマカメット・ダイナー
Karmakamet Diner

ルン・ルアン P41
Rung Ruang

トップス・マーケット P77
Tops Market

トヨタ

P90 グレイハウンド・カフェ
Greyhound Cafe

P90 キ 資生堂サロン&スパ
Qi SHISEIDO Salon & Spa

アリストン

P90 ハーン・ヘリテージ・スパ
Harnn Heritage Spa

P25 ハーン
Harnn

プッサパー・タイ・
マッサージ P23
Phussapa Thai Massage

SCB

ワイン・コネクション P56
Wine Connection
レインヒル
Rain Hill

Soi 26

Soi 28

Soi 30/1

Soi 51

フィリピン大使館

セブン
イレブン

KTB

Soi 24

レックス

トンロー駅へ

セブンイレブン

フォー・ウィングス

Soi 16

Soi Ari

Soi 34

リフレッシュ@24スパ P23
Refresh@24 Spa

Soi Napha Sap 1

トンロー

トンクルアン P31
Thonkrueng

ファンシー・ハウス・ルリ P92
Fancy House Ruri

Soi Thong Lo 19

P19 トレジャー・スパ
Treasure Spa

セブンイレブン

Soi Thong Lo 17

ファミリーマート

Soi Thong Lo 18

P93 ザ・コモンズ
The Commons

セブンイレブン

パーム・ハーバル・リトリート P19
Palm Herbal Retreat

P93 ジェイ・アベニュー
J Avenue

Soi Thong Lo 13

Soi Thong Lo 16

P93 アフター・ユー
After You

P47 パーム・キュイジーヌ
Palm Cuisine

Soi 11

Soi Renoo

チコ P92
Chico

スターバックス
コーヒー

Soi Thong Lo 9

Soi Thong Lo 10

徒歩
約5分

P23 スマライ・スパ&
マッサージ
Sumalai Spa & Massage

Soi Ma Di Pai
Di Klang

Soi 55

エイト・トンロー P93
8 Thonglor

アイネイル P93
i Nail

クレープス&コー
Crepes & Co.

トップス(スーパー)

Soi Thong Lo 5

Soi 53

Soi Thong Lo 4

Soi Thong Lo 1

バーン・カニタ@53 P47
Baan Khanitha@53

Soi Thong Lo 2

ソイ155

ビッグC(スーパー)

スターバックスコーヒー

ボーラン P93
Bo.lan

プロンポン駅へ

Soi 57

ピザハット

Soi 59

トンロー
Thong Lo

E6

セブンイレブン
トンローバス乗り場

Soi 63 (Ekkamai)

Soi Yanat

ブルー・ダイ・カフェ P52
Blue Dye Cafe

オクターヴ・ルーフトップ・ラウンジ&バー P54
Octave Rooftop Lounge&Bar

Soi 2

マリオット

Soi 36

Soi 38

Soi 40

BTSスクンビット線

スクンビット通り
Sukhumvit Rd.

ファミリーマート

マクドナルド

オンヌット駅へ

国立科学館
National Science Center

セブンイレブン
東バスターミナル
(エカマイ)

Soi 57

E7

エカマイ
Ekkamai

ゲートウェイ・エカマイ
Gateway Ekamai

Soi 42

N

0   200m

周辺図は別冊P13参照

旧バンコク・ノイ駅跡地

Thonburi
Railway

Phra Chan

Phrannok Rd.

Wang Lang(Sirirat)

Trok Wang Lang

スパトラー・リバーハウス専用船着場
(マハラート船着場)

スパトラー・
リバー・ハウス P58
Supatra River House

ワット・ラカン
Wat Rakhang

ターチャン
Tha Chang

ワット・アルン
船着場

ワット・アルン
Wat Arun

P84 ワット・アルン
Wat Arun

海軍指令部
Royal Navy
Headquarters

Wang Doem Rd.

Arun Amarin Rd.

20

スクンビット通りからソイ55に入ってすぐ、トンローバス乗り場のあたりまでは果物店が並ぶ。また、トンロー・ソイ11～13のスターバックスコーヒー(A1)には広いガーデンがあり、人気。

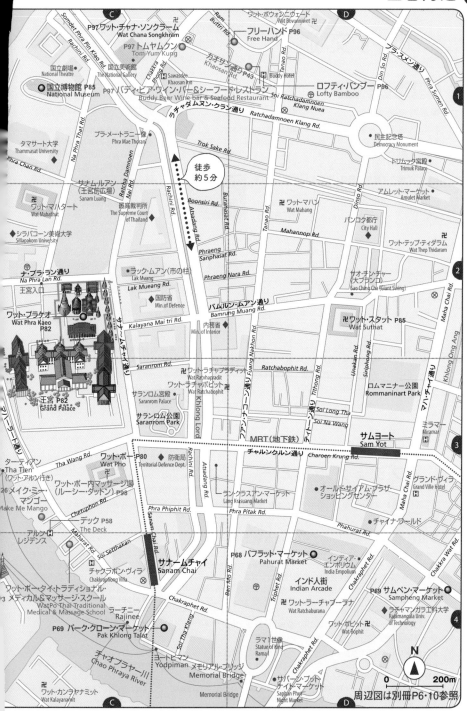

P97 ワット・チャナ・ソンクラーム
Wat Chana Songkhram

P97 トムヤムクン
Tom Yum Kung

フリーハンド P96
Free Hand

ワット・ボウォンニウェード
Wat Bovoninwet

ロフティ・バンブー P96
Lofty Bamboo

国立劇場
National Theatre

国立美術館
The National Gallery

カオサン通り P43
Khaosan Rd.

Sawasdee

Khaosan Inn

Buddy Hotel

国立博物館 P85
National Museum

P97 バディ・ビア・ワイン・バー&シーフード・レストラン
Buddy Beer Wine bar & Seafood Restaurant

ラチャダムヌン・クラン通り
Ratchadamnoen Klang Rd.

タマサート大学
Thammasart University

プラ・メー・トラニー像
Phra Mae Thorani

民主記念塔
Democracy Monument

トリムック宮殿
Trimuk Palace

徒歩
約5分

サナム・ルアン
(王宮前広場)
Sanam Luang

最高裁判所
The Supreme Court
of Thailand

アムレット・マーケット
Amulet Market

ワット・マハタート
Wat Mahathat

ワット・マハン
Wat Mahang

バンコク都庁
City Hall

シラパコーン美術大学
Sillapakorn University

ワット・テップ・ティダラム
Wat Thep Thidaram

ラック・ムアン(市の柱)
Lak Mueang

サオ・チン・チャー
(大ブランコ)
Sao Ching Cha (Giant Swing)

ナ・プラ・ラン通り
Na Phra Lan Rd.

国防省
Min.of Defence

王宮入口

バムルン・ムアン通り
Bamrung Muang Rd.

ワット・プラケオ
Wat Phra Kaeo
P82

ワット・スタット P85
Wat Suthat

内務省
Min.of Interior

ロムマニナート公園
Rommaninart Park

ワット・ラチャプラディット
Wat Ratchapradit

ワット・ラチャボピット
Wat Ratchabophit

ミラマー
Miramar

王宮 P82
Grand Palace

サランロム宮殿
Saranrom Palace

サランロム公園
Saranrom Park

MRT(地下鉄)

サムヨート
Sam Yot

ターティアン
Tha Tien
(ワット・アルン行き)

ワット・ポー P80
Wat Pho

チャルンクルン通り
Charoen Krung Rd.

防衛局
Territorial Defence Dept.

グランド・ヴィラ
Grand Ville Hotel

26 メイク・ミー・マンゴー
Make Me Mango

ワット・ポー内マッサージ場
(ルーシー・ダットン) P98

ラン・クラスアン・マーケット
Lang Krasuang Market

オールド・サイアム・プラザ・ショッピングセンター

デック P58
The Deck

チャイナ・ワールド

アルン
レジデンス

Phra Phiphit Rd.

Phra Pitak Rd.

Phahurat Rd.

チャクラポン・ヴィラ
Chakkraphong Villa

サオームチャイ
Sanam Chai

P68 パフラット・マーケット
Pahurat Market

インディア・
エンポリウム
India Emporium

サムペン・マーケット
Sampheng Market

ワット・ポー・タイ・トラディショナル・
3 メディカル&マッサージ・スクール
WatPo Thai Traditional
Medical & Massage School

インド人街
Indian Arcade

ラーチーニー
Rajinee

ワット・ラーチャブーラナ
Wat Ratchaburana

ラチャマンガラ工科大学
Rajmangala Univ.
of Technology

P69 パーク・クローン・マーケット
Pak Khlong Talat

ワット・ポヒット
Wat Pohit

チャオプラヤー川
Chao Phraya River

ヨードピマン
Yodpiman

ラマ1世像
Statue of King
Rama I

メモリアル・ブリッジ
Memorial Bridge

N

ワット・カンラヤナミット
Wat Kalayanamit

メモリアル・ブリッジ
Memorial Bridge

サパーン・プット
ナイト・マーケット
Saphan Phut
Night Market

0 200m

周辺図は別冊P6・10参照

● 観光スポット ● レストラン・カフェ ● ショップ ● ナイトスポット ● ビューティースポット H ホテル

市内交通

主な交通手段は5つ。交通事情や移動のポイントをおさえて効率よく回ろう。また、観光の魅力が凝縮されたオプショナルツアーを使うのも手。

街のまわり方

●道路のキホン

車道は左側通行。歩道は整備がよくなく、ガタガタして歩きにくい。特に屋台が多いエリアはスペースが狭くなり人も密集しがちなので、足元とスリ、二重の注意が必要だ。道路を横断するときは周囲のタイ人に倣おう。

●タノンとソイ

道は大きい通り「タノン」と、そこから伸びる横道「ソイ」で構成されている。各ソイには番号が振られており、「スクンビット・ソイ31」のように、タノン名＋ソイ番号を組み合わせて呼ぶ。

●BTSとタクシーを活用

市街地の主な観光名所や繁華街を網羅しているBTSは、渋滞知らずで料金も安いので、旅行者には心強い交通手段。一方タクシーは、早朝～深夜まで走っていて料金も高くはない。この2つをうまく使い分ければ、効率的に街を回ることができる。

便利な交通カード

公共交通機関をよりスムーズに使えるカード。どれも駅の窓口で購入できる。BTSを頻繁に使って動く人におすすめ。

○ラビットカード（BTS）
Rabbit Card

ICカードを内蔵したチャージ式のプリペイドカードで、BTSに乗る以外にもマクドナルドやスターバックスなど提携店での支払いにも使える。初期費用としてB200（発行手数料＋チャージB100）が必要で、有人窓口で購入できる。チャージはB100～4000まで。

○ワンデイ・パス（BTS）
One Day Pass

1日乗り放題になるツーリスト向けの専用パスを窓口で販売している。どちらも混雑時は窓口や券売機に長蛇の列ができるが、このパスがあると並ぶ手間が省けるのでスムーズ。料金はB140。30日有効パスもある。

BTS用

オプショナルツアー

〈問合せ・申込み〉JTBタイランド　マイバスデスク
☎0-2230-0490（日本語OK）⏰10時30分～17時30分（電話受付は10時30分～）㊡なし
🔗www.mybus-asia.com/thailand

限られた滞在時間でも効率よく観光できるのが、現地発着のオプショナルツアー。日本語ガイド付きなので安心。

バンコク 市内観光

3大寺院のワット・アルン、ワット・ポー、ワット・プラケオ＆王宮など、定番の観光スポットをめぐるコース。午後発もある。
【出発／所要時間】7時ごろ／約5時間
【料金】B1700

ナコンパトムで 蓮の池観光

バンコク近郊のナコンパトムで小舟に乗り蓮が咲く池を遊覧。世界一の高さの仏塔がある「プラ・パトム・チェディ」へも。
【出発／所要時間】8時／約7時間
【料金】B2500

【ディナークルーズ】 ホライズン シャングリ・ラ・ホテル

シャングリ・ラ・ホテル直営のクルーズ船「ホライズン」で、チャオプラヤー川からの眺めを楽しみながらビュッフェを満喫。
【出発／所要時間】19時30分／約2時間
【料金】B2400

アジアティークと タイ料理の夕食

マンゴーツリー（→P47）で夕食後に、人気のナイトマーケットでショップ巡りや観覧車からチャオプラヤー川を望もう！
【出発／所要時間】18時ごろ／約4時間30分【料金】B2300

フォトジェニック・ バンコク

ワット・パクナム（→P8）やタラート・ロットファイ・ラチャダー（→P78）など、インスタ映えスポットを巡るツアー。
【出発／所要時間】13時30分／約6時間30分【料金】B1800～

世界遺産・ アユタヤ観光

ワット・ヤイ・チャイ・モンコンなどアユタヤ観光のハイライトとゾウ乗り体験を半日で効率よく回るコース。
【出発／所要時間】7時ごろ／約6時間30分【料金】B1500～

注意事項　オプショナルツアーの情報は2020年2月現在のもの。ツアー内容は交通状況、天気、休館日などで変更になる場合もあるので注意。また、料金に含まれるもの、キャンセル料、集合場所などの詳細は申込み時に確認を。

BTS

  ロット・ファイファー
รถไฟฟ้า

路線図　別冊MAP P2

清潔で冷房がきいている

BTSは2路線で運行する高架鉄道で、主な繁華街をひととおりカバーする。バンコク名物の「渋滞」に巻き込まれずに移動でき、慣れない外国人でも安心。ただし、朝夕のラッシュ時（7〜9時、16時30分〜19時）は混雑するうえ、運行にも遅れが生じることがある。

○料金
初乗りはB16。数駅ごとにB3〜7で上がっていき、最高はB59。
○運行時間、運行間隔
6時頃〜24時頃。平日の朝夕ピーク時は約3分間隔、通常時は5〜8分間隔で運行している。

●切符の買い方
駅に設置されている券売機で購入する。硬貨しか使えないボタン式がほとんどだが、一部の駅には紙幣も使えるタッチパネル式の券売機も併設。

1 路線図を確認
まず路線図で行き先の駅と料金を確認。

2 両替する
ほとんどの券売機ではB1・2・5・10の硬貨しか使えない。小銭がない場合は窓口で両替する。

3 券売機にお金を投入
料金ボタンを押し、硬貨（紙幣）を投入する。

4 切符を取る
磁気カード式の切符が出てくる。

●路線は2つ
○シーロム線
中心部から南西に延びる路線。ナショナルスタジアム〜バンワー駅までの13駅で、繁華街のサイアム駅、サラデーン駅などを通る。
○スクンビット線
サイアム駅を中心に北と南東に延びる路線。チャトゥチャック・ウィークエンド・マーケットのあるモーチット駅、巨大ショッピングセンターが並ぶサイアム駅＆チットロム駅や日本人が多く住むプロームポン駅を通る。全36駅。2020年延伸予定。

⚠ 注意ポイント
○切符は改札を通ってから出るまでの制限時間がある。120分を超えると公表運賃の最大値（2020年現在、B59）を支払う。
○駅と車内での喫煙・飲食は禁止。改札周辺には飲み物が売られているが、これを構内で飲もうとすると係員に注意される。

●乗ってみよう
ホームに表示されている行き先はその路線の終着駅。覚えておけば迷わない。

1 駅を探す
地上3〜4階の高さにかかった高架線路に沿って歩けば、駅はすぐに発見できる。駅名はタイ文字とローマ字の併記。

目印はコレ

2 切符を買う
切符は改札口近くの自動券売機で購入する。買い方は左欄参照。

3 改札を通る
改札はすべて自動改札。投入口に切符を差し入れ、出てきた切符を取ると赤いゲートが開く。ラビットカードやワンデイ・パスの場合は上部の青いセンサーに当てる。ゲートは一瞬しか開かないので素早く通る。

センサーはココ

切符の投入口

4 ホームに出る
行き先は「to ●●」とその路線の終着駅で示されている。進行方向を確認してホームへ登る。

5 乗車する
ホームの乗車位置で電車の到着を待つ。ドアは自動開閉で、降者が優先。

6 下車する
車内のモニターやアナウンスで停車駅を確認して降りる（タイ語・英語）。

7 改札を出る
下車したら「Exit」の表示に従って階段を降りて改札フロアへ。改札前の案内図で出口番号を確認してから出よう。

○乗換え
2路線が交わるのはサイアム駅のみ。BTSの乗換えは駅内の表示に沿って進めばOK。MRTへの乗換えは改札外。

MRT

 ロット・ファイ・タイ・ディン
รถไฟใต้ดิน

路線図　別冊 MAP P2

タイ唯一の地下鉄。ここ数年のブルーラインの延伸により、王宮周辺やチャイナタウン、チャオプラヤー川西岸へのアクセスがスムーズになった。北部郊外まで運行するパープルラインもある。

青とクリーム色で統一された車内

●料金

初乗り料金はB16。ひと駅ごとにB2～3ずつ上がり、最高でB70。(ブルーライン)

●運行時間・間隔

6～24時頃。ラッシュ時は5分間隔、オフピーク時は10分間隔で運行。

! 注意ポイント

○朝夕の通勤時はかなり混雑するので、できれば時間をずらして利用したい。
○券売機は1枚ずつしか買えないうえにタッチパネルの反応も遅いので、窓口で買うのがおすすめ。お釣りが出てくるのも遅い。お金はB1・5・10硬貨のほか、B20・50・100紙幣が使える。

●乗ってみよう

1 駅を探す

MRTの出入口は、銀色の建物に青または紫の看板が目印。看板には駅名(タイ語・ローマ字併記)と、出口番号が書いてある。

目印はコレ

2 切符を買い、改札を通る

切符はICチップ内蔵のトークン。窓口か自動券売機で購入し、改札のセンサーにかざしてゲートを通る。

トークン

3 乗車する

ホームと線路の間にはガラス仕切りがあり、電車が到着すると開く。車内ではタイ語と英語で次の停車駅がアナウンスされる。

チャオプラヤー・エクスプレス・ボート

 ルア・ドゥアン
เรือด่วน

路線図　別冊 MAP P2

チャオプラヤー川を南北に結ぶチャオプラヤー・エクスプレス・ボート。川に面した5ツ星ホテル群やチャイナタウン、王宮などを回るのに便利。大きくわけて4路線あるが、観光客には英語での簡単なガイドが付くツーリストボートがわかりやすい。

ツーリストボートはサトーン船着場からプラ・アーティット船着場までの8カ所を結ぶ

ツーリストボート（水色の旗）/ 毎日運航
○料金　有効期間によってB60、200、300
○運航時間・間隔
毎日9時～20時30分。30分ごと
急行（オレンジ色の旗）/ 毎日運航
○料金　一律B15
○運航時間・間隔
6～19時。5～20分ごと
特急（緑色の旗）/ 月～金曜のみ運航
○料金　距離によってB13、20、32
○運航時間・間隔
6時～8時10分、15時45分～18時5分。15～20分ごと
特急（黄色の旗）/ 月～金曜のみ運航
○料金　一律B20
○運航時間・間隔
6時15分～8時20分、16～20時。5～20分ごと

●乗ってみよう

1 乗船してから切符を買う

係員にボートの行き先を確認してから乗船。切符は船内で係員に行き先を告げて買う。

2 船内で

窓際の席に座った場合は、対向船に注意。すれ違いざまにしぶきを浴びることもある。また、女性は僧侶に触れてはいけないので同じ船になった場合は注意。

3 下船する

船着場が近づくと係員からアナウンスがある。船着場に停船している時間は長くても20秒。素早く、そして慎重に降りよう。

 プチ情報　ボートは接岸する瞬間に大きく揺れる。転ばないよう、手すりなどにしっかりつかまって。また、乗り降りの際に船と桟橋に挟まれないよう、足元に注意しよう。

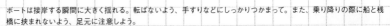

タクシー

 テックスィー
แท็กซี่

冷房完備のメーター制。安く、市街地なら24時間どこでも空車が走っている。
英語はあまり通じないが、外国人に慣れているのでコミュニケーションは取りやすい。

黄＋緑色は個人タクシー、
それ以外は法人タクシー

○基本料金
初乗り(1kmまで)はB35。
1～10kmまでは約360mごとにB2加算。
10km以上は約300mごとにB2加算。
○追加料金　渋滞や信号で時速6km以下になった時間
1分につきB2が加算される。また、高速道路を利用した
場合は高速代が別途かかる。早朝・深夜料金はない。

 注意ポイント

○朝夕のラッシュ時は渋滞する。
○ホテル前で客待ちをしているタクシーは多くが観光
客狙い。メーターを使わない、遠回りする、ぼったくり
店に連れて行かれるなど嫌な思いをすることも多い。
流しのタクシーを利用しよう。
○行き先によっては乗車拒否されることも。特に午後
6時ごろや大雨が降った直後などは捕まえにくい
○不安な運転手の場合は、ドアの横にある車体番号
を運転手にわかるようにメモすること。何かあった際
の通報や、車内に忘れ物をしたときの問合せに役立つ。

バス

 ロット・メー
รถเมล์

バンコクの街を隅々までカバーして
いるバスは庶民の大事な足。運賃
も安い。路線のなかには24時間
運行や、郊外路線もあり、乗りこな
せば行動範囲が一気に広がる。た
だし、路線が複雑なのが難点。

エアコン付きバス

●料金
運賃は車体のエアコンの有無により異なる。基本的
に路線は同じなので、現地の人は窓が開いている(エ
アコンなし)か、窓が閉まっているか(エアコン付き)
で見分ける。

○普通バス(エアコンなし)　赤色のバスで一律B7、そ
の他のバスで一律B8。タイ語で行き先を告げる必要が
ないので外国人にも利用しやすい。
○エアコン付きバス　距離によって運賃が異なり、B10
～25。車内は涼しいが、タイ語で車掌に行き先を告げ
なくてはいけない。

●運行時間・間隔
5～23時。路線によっては普通バスが24時間運行
している。間隔は道路状況によってまちまちで、同じ
路線のバスが3台続けて来ることもあれば、数十分
待っても来ないことがある。

 注意ポイント

○普通バスは急停止、急発進など運転が荒く、年に
何件か事故が起きている。乗り降りには注意を。

●乗ってみよう

目印はこれ

1　タクシーを探す
空車はフロントガラスに赤いライ
トが点灯している。街なかで空車
を止めるときは、日本のように手
を上に挙げず、手を斜め下に出し
てチョコチョコと上下に振ろう。

2　乗車する
ドアは手動なので自分で開閉す
る。行き先は、有名なホテルやショ
ッピングセンター以外は知らない
場合が多いので、「通り名＋ソイ番
号」で伝えよう。車が走り出したら、
メーターを動かしているか確認を。

3　お金を払う
端数を切り上げてB5単位で計算する運転手が多い。た
とえばメーターがB43の場合、B50札を渡すとB5しか
戻ってこない。また、運転手がお釣りを持っていない場合
もあるので、小額紙幣や硬貨を用意しておこう。

その他の乗り物

主に現地の人が使う、以下の乗り物もある。
どちらも料金交渉制なので、ある程度の土
地勘と相場感覚がないと難しい。

○三輪自動車タクシー
 トゥクトゥク／ตุ๊กตุ๊ก

街なかを走っているので
タクシーと同じように止め
る。行き先を告げて料金を
尋ね、料金がOKなら乗り
込み、高いと思ったら値切
り交渉をする。相場はタクシーより少し高め。道端で
客待ちしているトゥクトゥクは観光客目当てで、高値
をふっかけてくることが多いので、流しを捕まえよう。

○バイクタクシー
モータサイ・ラップ・ジャーン／มอเตอร์ไซค์รับจ้าง

車の間をすり抜けて走るので、
渋滞時でもスムーズ。運転手は
オレンジ色のベストを着ていて、
BTS駅やソイ(路地)の入口など
に乗り場がある。バイクの2人
乗りは危険なので、利用はおす
すめしない。

指をさして簡単注文♪
バンコクの必食メニューカタログ

トート・マン・クン
ทอดมันกุ้ง
中部

タイ風のエビカツ。エビのすり身がたっぷり入って、カリッと揚がった衣はサクサク。ハチミツ状の甘いタレがマッチ。

ソムタム
ส้มตำ
東北

若くて硬い青パパイヤを千切りにして、唐辛子などと一緒に石臼で突いたイサーン料理。酸っぱくてかなり辛い。

ヤム・ウンセン
ยำวุ้นเส้น
中部

外国人にも人気のタイ風春雨サラダ。ゆでた春雨、野菜、キクラゲ、エビなどをナンプラー風味のタレと和えて食べる。

トムヤムクン
ต้มยำกุ้ง
全国

タイ料理の代表格の酸っぱ辛いスープ。レモングラスやライムのすがすがしい香りと濃厚なエビの味が魅力。(→P30)

トムヤム・タレー
ต้มยำทะเล
全国

酸味と辛味のきいたトムヤム(スープ)に、エビやイカ、白身魚、アサリなどの魚介類をたっぷり入れた滋味豊かなスープ。

タイスキ
สุกี้ไทย
東北

煮立ったスープに、肉や魚介類、野菜などを入れ、好みのタレをつけて食べる鍋料理。(→P38)

ゲーン・キアオワーン
แกงเขียวหวาน
全国

青唐辛子のペーストを使ったグリーン・カレー。辛さもあるが、ココナッツミルクの甘味もあり、日本人にも人気。(→P33)

ゲーン・ペット
แกงเผ็ด
中部

赤唐辛子ペーストを使ったレッド・カレーで、真っ赤な色が特徴。辛口で、具にはダック(鴨肉)や魚などがよく合う。(→P32)

ゲーン・カリー
แกงกะหรี่
南部

ターメリック(ウコン)をベースとしたイエロー・カレー。辛味が少なく、ココナッツミルクの甘味がきわ立つ味。(→P33)

ゲーン・マッサマン
แกงมัสมั่น
南部

タイ南部が発祥といわれるイスラム風カレー。情報サイト「CNN Go」で「世界一おいしい料理」に選ばれた。(→P32)

パネーン・カレー
พะแนง
南部

レッド・カレーのペーストに濃厚な一番搾りのココナッツミルクをたっぷり入れて煮詰めたカレー。マイルドな味わい。

ガイ・ヤーン
ไก่ย่าง
東北

鶏肉を特製のタレに漬け込み、炭火であぶり焼きにしたイサーン名物。パリッと香ばしい皮で甘めの味。

まめちしき　タイ料理には、各地方ごとにそれぞれの風土や文化を背景とした特徴がある。
タイ東北は「イサーン」とよばれ、隣国ラオスの影響を受けた料理が多く、辛さが強め。

バラエティに富んだメニューが揃うタイ料理。
気になる料理は事前にチェック！

ガイ・ホー・バイトーイ
ไก่ห่อใบเตย

タレに漬け込んだ鶏肉をトーイの葉（パンダン・リーフ）で包んで、蒸し焼きにしたもの。スモークしたような肉質で美味。

 中部

プー・パッ・ポンカリー
ปูผัดผงกะหรี่

カニを丸ごと使ったカニのカレー炒め。イエロー・カレーに玉子を混ぜたマイルドなソースは甘めの味。（→P34）

 中部

ホーモック・プラー
ห่อหมกปลา

魚のすり身蒸し。ハンペンのような食感に、各種スパイスの辛味とココナッツミルクが合わさる。

 中部

パッ・パックブン・ファイデーン
ผัดผักบุ้งไฟแดง

空芯菜のニンニク炒め。シャキシャキとした歯ごたえと、ややピリ辛な味付けが特徴。空芯菜はタイではポピュラーな野菜。

 全国

パッタイ
ผัดไทย

米粉で作られたクイティオを、玉子やモヤシ、野菜、エビなどと一緒に炒めた焼きそば。甘めの味で食べやすく、人気のメニュー。（→P41）

全国

カオソーイ
ข้าวซอย

チェンマイ名物のカレー・スープ麺。平らな玉子麺と揚げた麺の2種類が入っていて、香辛料をたっぷり使ったスープで味わう。（→P40）

 北部

カオマンガイ
ข้าวมันไก่

蒸し鶏のせご飯(チキン・ライス)。鶏のスープで炊いたご飯と、ジューシーな鶏肉がベストマッチ。（→P36）

 全国

カオニヤオ・マムアン
ข้าวเหนียวมะม่วง

フレッシュマンゴーに、ココナッツミルクで炊いた甘いもち米を添えたタイ伝統のデザート。マンゴーはとろけるような甘さ。

 全国

サリム・タプティム
สลิ่มทับทิม

「タイ風かき氷」ともいえる冷たいデザート。赤い部分は寒天でコーティングしたクワイの実で、ツルン＆シャキシャキの食感。

 中部〜南部

ミネラルウォーター
ナームレー／น้ำแร่

水道水は飲めないので、店ではミネラルウォーターを注文しよう。ペットボトルの水は屋台やコンビニなどで買える。

ココナッツ・ジュース
ナームマプラーウ／น้ำมะพร้าว

ココナッツの実の中に詰まっている天然の果汁。さっぱり、ほのかな甘さがあり、タイでは水代わりに飲む人も。

ビール
ビア／เบียร์

タイのビールでは、軽い飲み口のシンハーやチャーンなどが定番。タイで醸造されているハイネケンやアサヒのビールもある。

シーン別 カンタン タイ語

※文末が男女によって異なる。( )内が女性。

Seane 1 あいさつ

こんにちは
สวัสดี ครับ (ค่ะ)
サワッディー カップ （カ）

ありがとう
ขอบคุณ ครับ (ค่ะ)
コープクン カップ （カ）

Seane 2 意思を伝える

はい
ครับ (ค่ะ)
カップ （カ）

いいえ
ไม่
マイ

わかりました
เข้าใจ ครับ (ค่ะ)
カウヂャイ カップ （カ）

わかりません
ไม่เข้าใจ ครับ (ค่ะ)
マイカウヂャイ カップ （カ）

結構です
ไม่ต้อง ก็ได้ ครับ (ค่ะ)
マイトン ゴダイ カップ （カ）

嫌です
ไม่ชอบ เลย ครับ (ค่ะ)
マイチョープ ルーイ カップ （カ）

Seane 3 観光スポットで

写真を撮ってもいいですか?
ถ่ายรูป ได้ไหม
ターイループ ダイマイ

トイレはどこですか?
ห้องน้ำ อยู่ ที่ไหน
ホンナーム ユー ティーナイ

Seane 4 レストランで

注文をお願いします
ขอ สั่งอาหาร
コー サンアーハーン

お会計をお願いします
คิดเงิน ด้วย
キットグン ドゥアイ

とてもおいしいです
อร่อย มาก
アロイ マーク

あまり辛くしないでください
ขอ ไม่เผ็ด นะ
コー マイペット ナ

Seane 5 ショップで

いくらですか?
ราคา เท่าไร
ラーカー タウライ

試着してもいいですか?
ขอ ลอง ใส่ ได้ไหม
コー ローン サイ ダイマイ

これをください
ขอ อันนี้
コー アンニー

別々に包んでください
ช่วย ห่อ แยกกัน
チュアイ ホー イェークガン

Seane 6 タクシーで

この住所に行ってください
ไป ที่ บ้านเลขที่ นี้
パイ ティー バーンレークティー ニー

急いでいます
ผม (ฉัน) รีบ
ポム （チャン） リープ

ここで止めてください
จอด ที่นี่
ヂョート ティーニー

料金がメーターと違います
ราคา ไม่ตรง กับ มิเตอร์นี่
ラーカー マイトロン ガップ ミトゥーニー

よく使うからまとめました♪ 数字

0······ศูนย์ スーン	1······หนึ่ง ヌン	2······สอง ソーン	3······สาม サーム
4······สี่ シー	5······ห้า ハー	6······หก ホック	7······เจ็ด チェット
8······แปด ペート	9······เก้า ガーウ	10······สิบ シップ	100······ร้อย ローイ
1000······พัน パン			

レート B1≒約 3.5円（2020年2月現在）

両替時のレート B1≒[　　　]

書いて おこう♪